Das saure Milieu

HOLZHAUSEN

Die Deutsche Bibliothek – CIP Einheitsaufnahme
Ein Titelsatz dieser Publikation ist bei der
Deutschen Bibliothek erhältlich

Verlag Holzhausen

Adolf Holzhausens Nachfolger GmbH
Wien 2000
Umschlag und grafische Gestaltung: Robert Kaitan
Umschlagfotos: Peter Hämmerle
Druck: Adolf Holzhausens Nachfolger, Wien
Printed in Austria

ISBN 3-85493-023-2

Christa Hanten
Peter Hämmerle

Das Saure Milieu

Fotos: Peter Hämmerle

Verlag Holzhausen · Wien 2000

Inhalt

Vorwort

Die Nouvelle Cuisine hat eine kulinarische Welle losgetreten, die mit ihren Ausläufern im Laufe der Zeit so ziemlich alles und jedes aus unserem lukullischen Garten auf ihren Wellenkamm gehoben und einiges davon auch wieder weggespült hat. Sämtliche kulinarischen Höhen und Tiefen scheinen seither vielfach ausgelotet. Der moderne Gourmet – Dutzende Ratgeber griffbereit – ist versiert in zahlreichen regionstypischen Spezialitäten Italiens und Frankreichs, er oder sie weiß, wie man Peppercrabs in Singapur zubereitet und wie Steaks in Chicago. Ein Produkt allerdings scheint buchstäblich unter den Tisch gefallen zu sein, eines, das wir täglich benutzen – der Essig. Dabei verschafft gerade seine Säure – vorausgesetzt, sie ist entsprechend fein – vielen Gerichten und speziell Saucen die gewünschte Balance. Er kann deftigen Rezepten Leichtigkeit verleihen und finessenreichen Kreationen den Kick. Er ist so etwas wie ein Zaubermittel für den letzten Schliff. Allein, von so etwas wie dem Extra-Vergine-Fieber wurde der Essig noch nicht tangiert. Aber auch das wird kommen.

Von der Feststellung, die Behandlung des Themas Essig in Büchern und Gazetten wäre bis jetzt viel zu kurz gekommen, gibt es drei Ausnahmen, deren Zustandekommen uns auch etwas über die noch bestehende Beiläufigkeit des Essigs sagt:

– Aceto Balsamico Tradizionale di Modena: Er gilt seit Jahrhunderten als faszinierendes Elixier. Es wurde über ihn berichtet, doch war kaum einem Autor daran gelegen, den Schleier zu lüften. Wie überhaupt um den Essig gerne geheimnißt wird. Das hat wohl historische Wurzeln, denn man wußte bis in die zweite Hälfte des 18. Jahrhunderts hinein nicht, was bei der

Essiggärung vor sich geht. Andererseits wiederum bemühen sich auch noch heute viele Essigbrauer um die Anmutung des Geheimnisvollen. Dabei gibt es ohnehin wenig zu verschweigen. Die gängigen Verfahren sind bekannt, und jeder kann sich eine entsprechende Apparatur kaufen.

– Sherryessig: Er tauchte vielfach in den Rezepten der kulinarisch bewegten vergangenen 30 Jahre auf. Das hat er der traditionellen Vorliebe der Franzosen für diesen Essig aus Andalusien zu verdanken, die ihm überall dort ein prächtiges Entree verschaffte, wo die Kochbücher von Bocuse & Co. gelesen wurden. Durch die Lagerung in der Solera ist er auch ein eigenständiger Vertreter seines Standes, doch kaum ein Autor machte sich die Mühe, seinetwegen nach Spanien zu reisen.

– Apfelessig: Auch er ist eine Sache für sich. Dutzende Bücher wurden über ihn geschrieben – kaum eines ist empfehlenswert. Sein Aufschwung hängt mit der ihm nachgesagten gesundheitsfördernden Wirkung zusammen. Den großen Produzenten muß er durch die enormen Umsatzsteigerungen satte Gewinne gebracht haben. Für Feinschmekker allerdings ist Apfelessig erst wieder interessant, seit Essigmacher wie Alois Gölles sich seiner angenommen haben – als klassischen Essig im Holzfaß ausgebaut oder als feinen Balsam jahrelang gelagert.

Damit sind zuletzt zwei Typen von Essigen angesprochen, die seit Anfang der 90er auftauchten: Fruchtessige aus 100 % vergorenen Früchten – im Gegensatz zu Ansatzessigen auf Wein- oder Weinbrandbasis – sowie Balsamessige, die als Ausgangsprodukt nur Früchte oder Traubenmost haben, der eingekocht wurde – ganz nach dem Vorbild aus Modena.

Vor allem die neuen Fruchtessige sind für die Küche eine kleine Aromenrevolution, denn solche Reintönigkeit und Authentizität kannte man bisher kaum. Damit haben die Köche ein wunderbares Instrument zur Hand, mit dem sie, wie sich bei unseren Recherchen herausstellte, noch gar nicht so recht umzugehen wissen. Kreativität ist also gefragt sowie der Mut, sich auf Neuland zu begeben. Auch Balsamessige erobern zusehends die Herzen der Gourmets. Ihre schmeichelnde Süße, zusammen mit der gut eingebundenen Säure, sowie die deutlichen Aromen von Früchten oder Weintrauben machen auch sie zu vielseitigen, eigenständigen „Würzmitteln" oder vielmehr Genußmitteln.

Bewußt haben wir uns in diesem Buch auf eine europäische „Essig-Triade" beschränkt und dabei in Kauf genommen, manches aus der Essigwelt nur zu streifen. Das magische Dreieck der Essige besteht für uns aus den Frucht- und Weinessigen des Nordens, sprich des deutschsprachigen Raums, aus dem südspanischen Sherryessig, der in der Solera oxidativ ausgebaut wird, sowie aus dem legendären Aceto Balsamico Tradizionale di Modena, der auf Basis eingekochten Mostes entsteht.

Im Herbst 1999, im Umfeld ebensolcher feiner Produkte – es fand gerade die Präsentation eines Buches über den Wiener Naschmarkt durch den Verlag Holzhausen statt, bei der auch der ehrgeizige Wiener Essigbrauer Erwin Gegenbauer anwesend war –, kam der Anstoß zu diesem Buch. Daß aus der Idee so rasch ein konkretes Werk entstehen würde, hat wohl niemand geahnt, selbst wir nicht, die wir mit dem Thema Essig schon zuvor vertraut waren. Die Gedanken und Erfahrungen von unseren eindrücklichen Reisen zusammengefügt haben wir wiederum auch an einem speziellen Ort, dem wir hier liebevoll unsere Reverenz erweisen wollen – El Faro, der Turm, der für uns wie eine Muse war, in dem wir nicht wenige Diskussionen zum Thema überstanden, viele Male bis tief in die Nacht über dem Manuskript saßen und in dessen behelfsmäßig eingerichteter Küche wir auf zahlreiche glückliche Verbindungen aus Essig und Speisen gestoßen sind – eine Erfahrung, die wir alles andere als sauer empfanden.

PS: Ein ganz großes Dankeschön auch an unser persönliches Umfeld – Partner, Familie, Freunde und die Geschäftswelt –, die unseren Rückzuck ins saure Milieu nicht mit mehr als einer ebensolchen Miene zur Kenntnis genommen haben. Respekt auch vor dem Mut des Verlagsleiters Heribert Steinbauer, der sich diesem ungewöhnlichen Thema so mutig geöffnet hat.

Von sauren Geschichten

An diesem Keller zeigt sich, wie eng Essig und Geschichte verwoben sind – der Bogen wurde nachträglich durch die alte Stadtmauer von Jerez de la Frontera gebrochen, die schon von den Mauren errichtet wurde

Der große Dramatiker Friedrich Hebbel hat einmal über Essig extemporiert und dabei etwas sehr Treffendes formuliert: „Wenn man montags grüne Blätter zu sich nimmt, dienstags Essig und mittwochs Öl, kann man dann donnerstags sagen, man habe Salat gegessen?"

Was der gute Hebbel nämlich vielleicht nicht meinte, es aber doch sagte, ist der geschichtliche Salat, den es rund um den Essig zu lesen gibt. Anekdoten und Zitate sonder Zahl, Jahrtausende, in denen er angeblich das erste Mal aufgetaucht ist, ebenso.

Es dauerte zwar lange, bis man entdeckte, daß Sauerstoff zur Essigproduktion notwendig ist, dann aber folgte eine rasante Weiterentwicklung der Verfahren

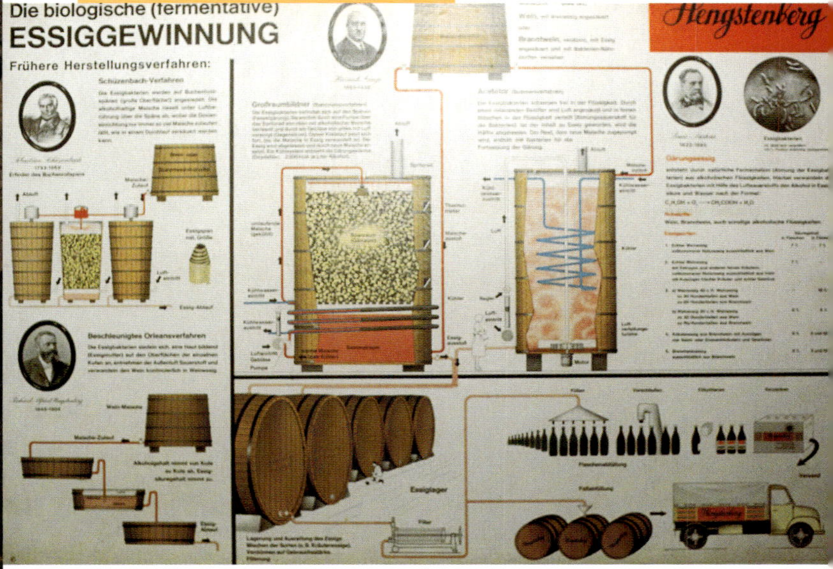

Essig, ein Überlebensmittel

Essigwasser gilt seit langem als erfrischend und keimtötend zugleich. In verschiedenen Kulturen hatte es den Status eines „Nationalgetränks".

- Bei den Ägyptern nannte man ein aus Gerstenbier gewonnenes Essiggetränk Hequa.
- Bei den Babyloniern war Essigwasser ein angesehener Erfrischungstrunk.
- Die Phönizier machten aus Apfelwein ihr saures Shekar.
- Im alten Testament wird der Essig als Grundnahrungsmitttel erwähnt.
- Bei den Griechen hat man Essig getrunken und bei Opferzeremonien verwendet.
- Die römischen Legionäre schützten sich mit Essigwasser, der sogenannten Posca, vor Erkältungen.
- In Japan kennt man den traditionellen Tamago-Su, Reisessig, in dem ein rohes Ei samt Schale aufgelöst wurde.

Man spricht von 3000 Jahren, dann von 5000 und schließlich sogar von 10.000. Das einzige, was ziemlich sicher ist: Die Essigbakterien sind schon durch die Luft geschwirrt, bevor Louis Pasteur sie entdeckt hat. Also dürfte es wohl überall dort Essig gegeben haben, wo die Menschen sich auf das Herstellen von Alkohol in Form von Wein oder Bier verstanden haben. Irgendwann sind diese Getränke auch sauer geworden, und es war Essig. Damit war neben Salz und Honig ein weiteres bedeutendes Konservierungs- und Würzmittel gefunden. Bald kam ihm auch die Rolle eines Kos-

Neben Orléans waren auch Jerez und Modena Zentren der europäischen Essigkultur

metikums und Heilmittels zu. Was Essig nicht noch alles konnte, ist in vielen Legenden übermittelt: Seine wundersame Kraft soll Hannibal bei seinem Zug über die Alpen genutzt haben, indem er Felsen, die ihm im Wege waren, erhitzte und mit Essig übergoß, worauf diese gesprengt wurden. Einen etwas poetischeren Zugang hatte Plinius der Ältere, der meinte, daß Essig „trotz seines geringen Wertes zumindest das Verdienst wichtiger Anwendungen hat, ohne die das Leben von seiner Süße verlieren würde".

Die späte Entdeckung der Essigwerdung

Erstaunlich an der Geschichte des Essigs ist nicht so sehr, wie viele Jahrtausende er schon verwendet wurde, sondern wie lange man keine Ahnung hatte, wie er zustande kommt. Es ist nämlich noch keine 200 Jahre her, daß man der Bakterie auf die Schliche kam. Davor war die Essigproduktion mehr oder weniger dem Zufall überlassen.

Der Holländer Hermann Boerhaave hat im frühen 18. Jahrhundert festgestellt: Je größer die Oberfläche der zu vergärenden Flüssigkeit ist, die mit Luft in Kontakt steht, desto höher ist die Säureproduktion. Dies war der Anstoß für Versuche, mehr Luft in die Essigfässer zu fördern.

Orléans – das alte Essig-Mekka

Wenn die Winzer der Loire ihre Weine auf dem Fluß Richtung Paris transportierten, endete die Fahrt manchmal schon in Orléans, dem letzten schiffbaren Hafen. Oft nämlich waren die Weine dann schon umgekippt und zu Essig geworden. Auf diese Weise wurde die Stadt zu einer Hauptstadt des Essigs. Obwohl schon im 14. Jahrhundert ein beträchtlicher Handel existierte, kam der große Aufschwung erst 200 Jahre später. Die maîtres vinaigrier d'Orléans haben aufgrund des ersten Essigbooms eine neue Methode der Essigbereitung entwickelt, der die Stadt auch den Namen gab. In großen Fässern oder Bottichen wurde Wein im Oberflächengärverfahren veressigt. König Heinrich IV., der unter anderem proklamierte, daß jeder Franzose am Sonntag ein Hühnchen auf den Tisch bekommen sollte, hat 1580 den zahlreichen Senf- und Essigproduzenten in Orléans das Privileg verliehen, ihr Gewerbe exklusiv auszuüben.
Bis heute wird in Orléans die Hälfte des in Frankreich erzeugten Essigs hergestellt. Nach den alten Methoden arbeitet allerdings nur noch die Firma Martin-Pouret.

Im Jahr 1826 hat die Société de Pharmacie einen Preis ausgeschrieben für die Enträtselung der Essigentstehung. Gefragt wurde nach dem notwendigen Vorhandensein von Alkohol, welchen Einfluß die Luft hat und welche Fermente nötig sind. Schließlich konnte der Preis mangels befriedigender Antworten nicht vergeben werden.

Ebenfalls im 19. Jahrhundert hat die Naturwissenschaft die Antwort auf die Frage nach der Natur des Essigs gefunden. Der Brite Humphrey Davy stellte erstmals die Funktion des Sauerstoffs in einer Gleichung dar und erkannte, daß Essigsäure ein Produkt der Alkoholoxidation ist, was man allgemein als Gärung bezeichnet.

1837 berichtete ein Wissenschaftler namens Kützing, daß Mikroorganismen Alkohol in Essigsäure umwandeln. Die Richtigkeit dieser Annahme konnte aber erst Louis Pasteur im Jahr 1868 nachweisen – nachdem kurz zuvor das Mikroskop erfunden worden war. Pasteur gilt als der Begründer der Mikrobiologie und hat durch die Entdeckung des nach ihm benannten Verfahrens – der Pasteurisation – einen wesentlichen Beitrag zur Haltbarmachung von Lebensmitteln geleistet. Er konnte belegen, daß Fäulnisprozesse bzw. die Zersetzung von Lebensmitteln durch in der Luft schwebende Mikroorganismen hervorgerufen werden und daß die Essigmutter, die mycoderma aceti, eine Haut aus Essigbakterien ist, also ein zusammenhängendes Gebilde aus Kleinlebewesen.

Ein wichtiger Schritt zur weiteren Erforschung der Bakterienwelt gelang 1878 Emile Hansen, der zeigen konnte, daß nicht nur eine Bakterienart, sondern mehrere an der Essiggärung beteiligt sind, und auch gleich einen entsprechenden Katalog erstellte. Endgültig kam man dem Prozeß aber erst 1903 auf die Spur. Der Münchner Biochemiker Eduard Buchner hat den Nachweis erbracht, daß die Oxidation des Alkohols zu Essigsäure von den Enzymen der Bakterien veranlaßt wird. Für Entdeckungen in diesem Zusammenhang erhielt er 1907 den Nobelpreis für Chemie.

Forschungen im sauren Milieu sind wohl immer wieder für Nobelpreise gut. 1953 hat der Biochemiker Hans Krebs diese Auszeichnung in der Disziplin Medizin für seinen Beweis erhalten, daß der Mensch, wie fast jedes Lebewesen, Stoffwechselvorgänge im Organismus über das Zwischenprodukt Essig steuert.

Die Tradition der Faßbinderei war immer eng verknüpft mit dem Gewerbe des Essigmachens

Die nicht faßbare Bakterie und ihr Eigenleben

Liebevoll spricht der Wiener Essigbrauer Erwin Gegenbauer von „Tausenden von Mitarbeitern" und meint damit die vielen Essigbakterien, die Alkohol in Essigsäure verwandeln. Sie sind seine wirkliche Leidenschaft, denn Erwin Gegenbauer ist davon überzeugt, daß nur der richtige Stamm an Essigbakterien zum gewünschten Erfolg führen kann. Er ist einer der wenigen, der seine „Mitarbeiter" auch schon wissenschaftlich überprüfen hat lassen und nun ziemlich genau weiß, wovon er spricht, wenn er meint, daß sie unfaßlich seien. Die permanente Mutation, in der sich die Bakterien befinden, macht es nämlich so gut wie unmöglich, sie eindeutig einzuordnen. Ein Faktum, mit dem Erwin Gegenbauer gelernt hat zu leben und woraus er auch seine Strategie entwickelt hat – „Essigmachen ist Empirie".

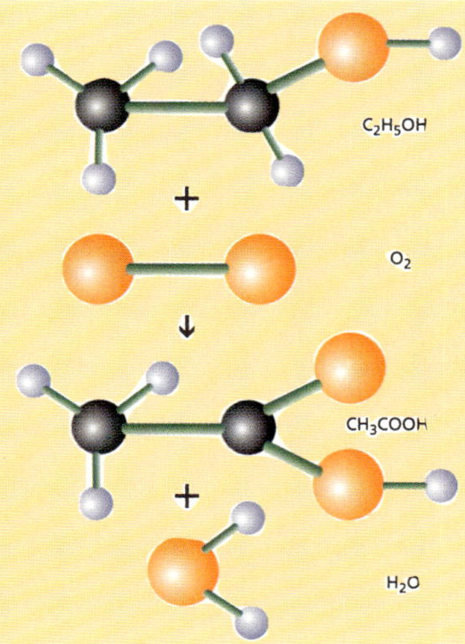

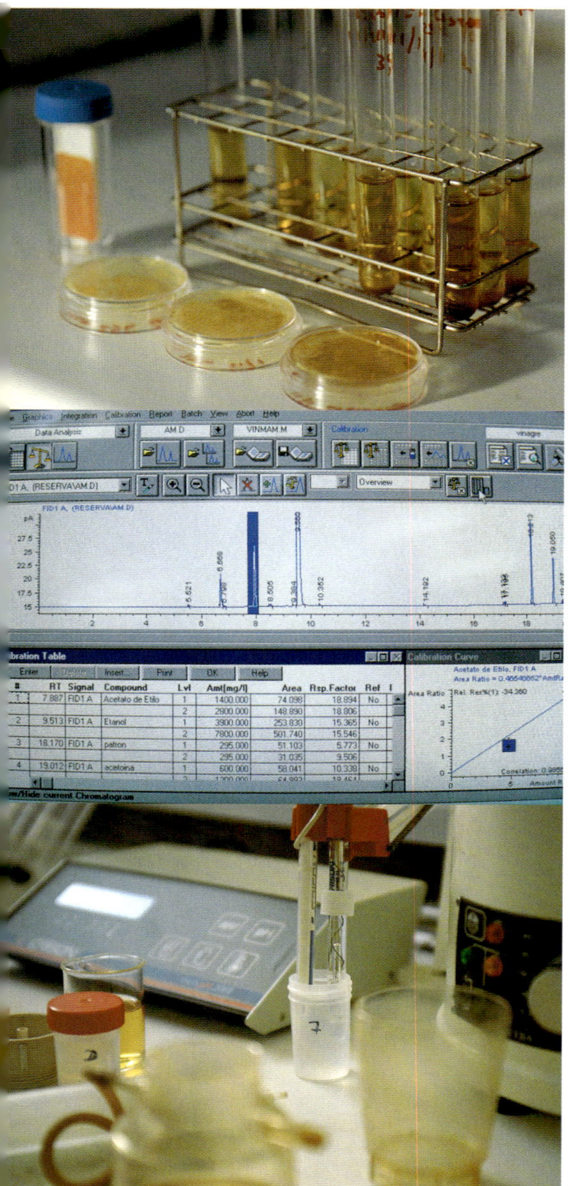

Spezielle Bakterienkulturen und teure Analysegeräte gehören zur Grundausstattung einer seriösen Essigproduktion

Früher ließ man Wein in Tonkrügen und Ziegenschläuchen stehen, bis er sauer war. Essigmachen war ein Mysterium – eine Ansicht, die auch heute noch zahlreiche Erzeuger aufrechtzuerhalten versuchen. Daß Lehrjungen in Essigbrauereien gar ein Gelübde ablegen mußten, ja nichts über die Geheimnisse auszuplaudern, hatte wohl eher mit dem Schutz vor Konkurrenz zu tun als mit Magie. Und der Vergleich liegt ebenso nahe, wenn man heute in so manchen Essigmanufakturen den Zugang zu den eigentlichen Produktionsstätten unter Verschluß hält.

Lange Zeit war die Entstehung des Essigs ein Geheimnis. Erst im 18. Jahrhundert erkannte man, daß es eine Verbindung zu Alkohol, Luft und Wärme geben muß. Die als Blume bezeichnete Essigmutter hielt man damals noch nicht für ein Lebewesen. Nach der Erfindung des Mikroskops konnte Louis Pasteur schließlich 1868 nachweisen, daß es sich um eine Ansammlung von Essigbakterien handelt. Diese Bakterien und andere Mikroorganismen, die Essigsäure in kleinen Mengen aus verschiedensten Substraten bilden können, gibt es übrigens in zahllosen Formen. Nur verhältnismäßig wenige aber besitzen jene Eigenschaften, die bei der Weinessigproduktion erwünscht sind.

Eine lebhafte Familie

Pasteur hat durch seine Experimente erstmals bewiesen, daß die Entstehung von Essig auf zwei aufeinanderfolgenden Fermentationsprozessen durch lebende Organismen beruht. In der ersten Stufe entsteht Wein – durch die alkoholische Vergärung von Zuckerlösungen mittels Hefen. In der zweiten Stufe, der fermentativen Versäuerung, wird diese alkoholische Flüssigkeit durch Essigbakterien in Essig umgewandelt. Die lebendige Zelle bewirkt also die Oxidation des Alkohols zu Essigsäure ($CH_3CH_2OH + O_2 = CH_3\text{-}COOH + H_2O$). Man kann davon ausgehen, daß der Gehalt an Alkohol, den ein Wein hat, nach der zweiten Fermentation etwa die analoge Menge an Essigsäure ergibt – aus Wein mit 10 % Alkohol wird also Essig mit etwa 10 % Säure.

Reagiert Alkohol mit Sauerstoff, kommt es zur Bildung von Essigsäureethylester (EEE) und damit zum sogenannten UHU-Ton (beim Riechen wird man unweigerlich an den beliebten Klebstoff erinnert). Das Phänomen tritt bei langsamer Gärung auf, wenn also der Alkohol über einen längeren Zeitraum hinweg abgebaut wird, ebenso, wenn der Restalkohol im Essig zu hoch ist. Bei Sherry-Essig etwa ist EEE eine fast regelmäßige Begleiterscheinung und wird von manchen auch als typisch empfunden, andere wiederum sehen darin einen Essigfehler.

Essigbakterien gibt es viele, und nicht alle eignen sich in gleicher Weise für die Essigherstellung. Die Auswahl ist je nach Produktionsmethode und gewünschtem Ergebnis zu treffen. Manche Arten, Acetobacter rancens etwa, vergären das Produkt sehr weitgehend, sind daher für die Industrie völlig ungeeignet. In Modena dagegen sorgt genau diese Bakterie für die hohe Konzentration und Dehydrierung des Tradizionale. Die Empfindlichkeit der Essigbakterien wird übrigens auch durch die Tatsache unterstrichen, daß Wein, der zu Essig vergoren wird, nicht geschwefelt sein sollte, weil sonst die Gärung gehemmt wird.

Die unfaßliche Essigbakterie ist und bleibt das Ziel vieler Forscher, die ihr noch mehr Fleiß angedeihen lassen wollen. Auf der Suche nach der Turbo-Bakterie ist man auch schon um einiges weitergekommen – weniger in qualitativer als in quantitativer Hinsicht. So ist es gelungen, diese Alkoholsüchtigen der Essigwelt so hinzutrimmen, daß sie nicht mehr so rasch an ihren eigenen Ausscheidungsprodukten zugrunde gehen. Erreicht ein werdender Essig nämlich eine gewisse Konzentration an Essigsäure, führt dies zum Absterben der Essigbakterien. Die neue Generation schreckt aber auch davor nicht zurück und verwandelt Alkoholhaltiges beim submersen Verfahren in Essig mit bis zu 18 % Säure. Dies liegt vor allem im Interesse der Industrie, die somit konzentrierter arbeiten kann. Große Mengen an Flüssigkeit werden zu kleineren Mengen, und damit sinken Lager- und Manipulationskosten. Aromatisch ergibt sich daraus keinerlei Vorteil.

Die milieuimmanente Doppelbelastung

Wein ist in. Winzer sind Stars. Essigbrauer sind Sauerkräutler – mehr belächelt als bewundert. Weit gefehlt, denn Essigmachen ist zumindest aus einer Sicht eine noch größere Kunst. Während der Winzer nur einmal Fehler machen kann, was oft genug geschieht, hat der Essigmacher die zweifache Chance auf Mißerfolg, denn sein Produkt durchläuft zwei Fermentationsprozesse.

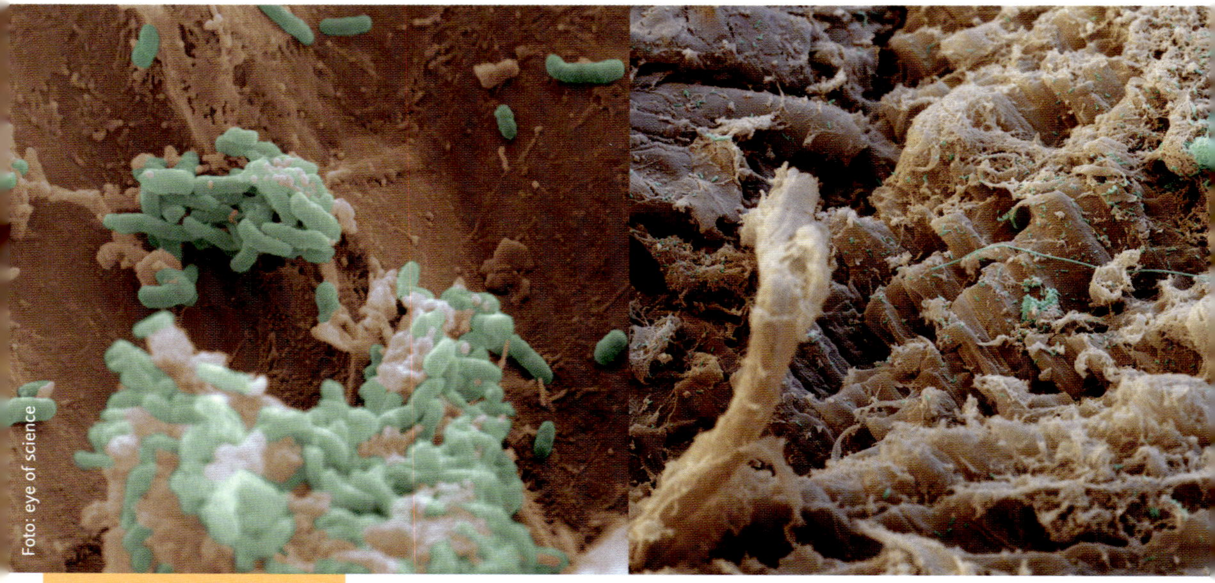

„Die Essigbakterien gehören zur Familie der Pseudomonaceae. Die Zellen sind stäbchenförmig, es treten aber auch langgestreckte, faden- und keulenförmige, geschwollene oder verzweigte Formen auf." (Industrielle Mikrobiologie, Berlin 1959)

Acetobacter und die Ingenieure

Eine der ersten optimierten Methoden zur Essigerzeugung war das Orléans- oder Oberflächenverfahren. Es ist das älteste industrielle Verfahren und wurde 1670 erstmals beschrieben. An der großen Oberfläche des in offene Bottiche oder Fässer gefüllten Weins kommt es durch Luftkontakt ganz von selbst zur Gärung. Dort bildet sich mit der Zeit die Kahmhefe, aus der später durch Verschleimung die Essigmutter entsteht, die nach getaner Arbeit zu Boden sinkt. Bei Verwendung geschlossener Fässer (mit entsprechenden vergitterten Lüftungsschlitzen) ist die Maische besser vor den Essigfliegen und anderen Insekten geschützt. Befüllt werden die Fässer nur bis zu einem Drittel, damit sie genügend Luft haben. Jede Woche wird eine kleine Menge Wein nachgefüllt und auf diese Weise die Essigmutter wieder mit neuer Nahrung versorgt, während gleichzeitig die entsprechende Menge fertigen Essigs entnommen werden kann.

Das Orléansverfahren ist noch bis heute vereinzelt in Gebrauch, weil nicht wenige Essigbrauer überzeugt sind, damit eine besonders hohe Qualität von Weinessigen erreichen zu können. Dieses Phänomen beruht vermutlich auf den hohen Verdunstungsverlusten. Während des mehrwöchigen Versäuerungsvorganges kommt es zu einer Eindickung der nicht flüchtigen Bestandteile, wodurch der Essig vollmundiger und milder wird. Ein Nachteil des Orléansverfahrens ist dagegen, daß es langwierig und anfällig für Fehlgärungen ist.

Anfang des 19. Jahrhunderts wurden erstmals Spanbildner entwickelt. Dabei kamen Holzspäne zum Einsatz, deren Eignung zur Vergärung von Wein von Sebastian Schüzenbach entdeckt wurde. Mit ihrer Hilfe konnte die Oberfläche, auf der die Essigbakterien mit Sauerstoff reagierten, enorm ausgeweitet werden. In einem aufrechten, faßähnlichen Holzbottich werden die oberen zwei Drittel (oberhalb einer Lochplatte) mit Buchenholzspänen befüllt. Im Sammelraum darunter befindet sich die alkoholhaltige Maische, die permanent nach oben gepumpt und über die Späne gesprüht wird. Beim Hinunterrieseln kommt sie in Kontakt mit den Essigbakterien, die auf der Oberfläche der Späne sitzen (man nennt das Verfahren daher auch Fesselgärverfahren). Warmluft, die stets bei der Gärung entsteht und in der Spansäule ganz natürlich nach oben steigt, zieht die von unten durch Rohre eingeleitete Frischluft, die von den Essigbakterien dringend zur Veratmung benötigt wird, mit nach oben. Essig kann mit dieser Methode innerhalb von sechs bis acht Wochen erzeugt werden.

Heinrich Frings schließlich hat dieses Verfahren vor rund 100 Jahren verbessert und sogenannte Großraumbildner entwickelt. In solchen, auch Generatoren genannten, bis zu sechs Meter hohen Fässern wird die sich erwärmende Maische durch Kühlschlangen gekühlt und mit einer Art Sprinkler optimal über die Späne verteilt. Um auch die Temperatur im Inneren besser zu kontrollieren, wird zusätzlich Sauerstoff von unten eingeblasen. Vor allem Branntweinessig wird auf solchen Apparaten vergoren. Nach etwa vier bis zehn Tagen kann der fertige Essig entnommen werden. Die Buchenholzspäne bleiben übrigens bis zu 25 Jahre in einem Bildner.

Das Werk der Unfaßlichen

- In der Angärphase gewöhnen sich die Essigbakterien langsam an das neue Medium.
- In der Hauptgär- und Vermehrungsphase wird verstärkt Alkohol oxidiert – es bilden sich Essigsäureethylester, Essigsäure, Wärme, Kondenswasser und das Kahmhäutchen an der Oberfläche.
- In der ausklingenden Gärung entsteht eventuell eine geschlossene Essigbakterienschleimhaut, die Essigmutter, die auch als Schutz vor unerwünschter Oxidation (Braunwerden) dient.
- Bei Gärende und in der Reifephase wird der Restalkohol abgebaut, ebenfalls Acetaldehyd und Essigsäureethylester. Es beginnt die positive Aromabildung und Selbstklärung.

Bakterien auf Tauchstation

Weil die Essighersteller immer größere Geräte forderten, dabei aber die Temperatur nicht mehr genügend gesteuert werden konnte, entwickelte die Firma Frings in Bonn in den 50er Jahren das submerse Verfahren – Frings hat auf diesem Gebiet quasi eine Monopolstellung und schon mehr als 1000 Essiggärgeräte, sogenannte Acetatoren, in über 43 Länder

Auf solch simplen Buchenholzspänen fühlen sich Essigbakterien am wohlsten

geliefert. Bei diesem Verfahren werden die Bakterien direkt in der Maische in Schwebe gehalten. Den benötigten Sauerstoff erhalten die empfindlichen Milieugenossen durch eine Belüftungsturbine im Boden des Gefäßes, die für einen kontinuierlichen, feinen Schleier von Luftbläschen im Acetator sorgt. Die speziellen Essigbakterien sind so empfindlich, daß sie bereits nach zehn Sekunden ohne Sauerstoff sterben würden, weshalb Großbetriebe wie Hengstenberg für den Fall der Fälle viel Geld in Notstromaggregate investieren.

Die Temperatur kann bei diesem Verfahren erstmals direkt gesteuert werden, da sich die Kühlschlange in der Maische befindet. Das submerse Verfahren ist auch bedeutend schneller als alle bisherigen – die Geräte sind zwar teuer, doch die Veressigung kann auf diese Weise innerhalb von 24 Stunden erfolgen. Außerdem bleiben flüchtige Stoffe, etwa

Ein begeisterter Anhänger des Großraumbildners schreibt: „Man ist bei diesem Gerät daher von der Temperaturdifferenz zwischen Innen und Außen unabhängig, was besonders für den Betrieb in den Tropen von großer Wichtigkeit ist." (Dr. Friedrich Martens, Zur Technologie und Geschichte des Essigs)

Die modernen Acetatoren gibt es in allen Größen – teuer sind sie auf jeden Fall

die feinen Fruchtaromen, auf diese Weise sehr gut erhalten. Fruchtessige werden daher praktisch ausschließlich submers erzeugt.

Besser im Trüben fischen?

Nach dem Abschluß der Gärung folgt die Reifephase, in der es erst zum Ausbau der Aromen und zur Harmonisierung des Essigs kommt. Wein- und Apfelessig wird traditionell in Holzfässer gefüllt. Fruchtessige mit subtilen Aromen reifen im Stahltank oder im Glasballon, denn jeder Kontakt mit Sauerstoff würde das feine Aromenspiel stören. Raimund Trapp, sozusagen der Essigbraumeister bei Leo Weyers in Köln, meint dazu: „Geduld muß man haben mit dem Essig, weil sich die Säure dann besser einbinden kann."

Das Altern des Essigs ist ein Vorgang, der Geschmack und Klarheit fördert, vor allem, wenn er aus Trauben- oder anderen Fruchtweinen gewonnen wurde. Es bilden sich Ester, wodurch der scharfe Geruch und Geschmack des jungen Essigs zurückgedrängt wird. Vor der Abfüllung wird der gewünschte Säuregrad im Essig eingestellt. Man verschneidet dazu entweder verschiedene Chargen oder verdünnt mit Wasser. Der Nachteil bei Wasserzusatz ist, daß dadurch nicht nur die Säure, sondern auch die Aromen reduziert werden.

Üblicherweise werden die noch vorhandenen Trubstoffe und Essigbakterien durch Filterung entfernt. Da dieser Vorgang aber auch zu einer Veränderung der Farbe und des Aromas – besonders bei den sensiblen Fruchtessigen – führen kann, schwören manche Essigbrauer darauf, ihre Essige trotz des Risikos unfiltriert auf den Markt zu bringen. Das Abziehen der geklärten Weine und Essige vom Fruchtdepot, das sich während der Lagerung am Boden abgesetzt hat, bedeutet außerdem einen gewissen Mengenverlust.

Zudem scheiden sich die Geister bei der Frage der Konservierung. Das geht vom Pasteurisieren beziehungsweise Erhitzen über die kaltsterile Füllung bis zum Verzicht auf zusätzliche Eingriffe. Da Essig an sich ein natürliches und altbewährtes Konservierungsmittel ist, bedarf es nach Ansicht mancher keiner eigenen Konservierung. Besonders kleine Hersteller mit eher persönlichen Kontakten zu ihren Kunden verzichten auf jede weitere vermeidbare Behandlung.

Code of Practice

- Die Produktdefinition der europäischen Beurteilungsmerkmale für Essig lautet: „Die Bezeichnung Essig ist dem Erzeugnis vorbehalten, das ausschließlich durch den biologischen Vorgang der doppelten Gärung, nämlich der alkoholischen und der nachfolgenden Essigsäuregärung, von Flüssigkeiten oder anderen Produkten landwirtschaftlicher Herkunft hergestellt wird."
- Essigsäure läßt sich auch chemisch herstellen, etwa als Derivat von Erdöl, und wird dann als Essigessenz ausgewiesen. Als Essig darf laut Gesetz nur biologisch gewonnene Essigsäure bezeichnet und verkauft werden, wobei die Säurestärke bei Frucht- und Tafelessigen mindestens 5 % betragen muß und bei Weinessigen mindestens 6 %. Oder fachlich ausgedrückt: „Der Gesamtsäuregehalt der Essige beträgt in 100 ml mindestens 5 g, berechnet als wasserfreie Essigsäure. Der Säuregehalt von Weinessig beträgt mindestens 6 g."
- Nicht erlaubt ist der Zusatz künstlicher Aromastoffe oder Säuren aller Art, mit Ausnahme derer, die in den Rohstoffen vorhanden sind.

Jeder Essigtyp verlangt ein bestimmtes Behältnis zur Lagerung

Essig ist auch in angebrochenen Flaschen über längere Zeit problemlos aufzubewahren. Vorausgesetzt, er hat es kühl, dunkel und ist gut verschlossen. Je konzentrierter übrigens die Säure, um so haltbarer der Essig. Als Nebenerscheinung kann manchmal allerdings eine neue Essigmutter entstehen oder sich Trub ausfällen und am Flaschenboden absetzen. Beides ist harmlos und sowohl gesundheitlich wie geschmacklich unbedenklich. Wen es dennoch stören sollte, der kann den Essig ohne Bedenken über einen Kaffeefilter wieder klären.

Paradebeispiel Himbeeressig

Zuckert ein Hersteller die Fruchtmaische auf (max. 100 g je Liter des Gesamtvolumens des Erzeugnisses), steigert er dadurch die Alkoholausbeute und damit natürlich auch den Anteil an Essigsäure. Bei der Rückverdünnung entsteht zwar eine größere Menge an Essig, im gleichen Maße leidet aber die Intensität der Aromen; daher sind hochwertige Himbeeressige sehr teuer – man braucht immerhin 13 bis 15 Kilogramm reife Früchte für einen Liter Essig.

Milieustudie – die Essigfamilie

Grundsätzlich wird Essig entweder aus Wein oder aus Branntwein hergestellt. Wobei hier unter Wein alle zuckerhaltigen Rohstoffe fallen, die alkoholisch vergoren wurden. Dazu zählt Wein aus Weintrauben ebenso wie Wein aus Früchten wie Himbeeren oder Äpfeln. Aber auch aus Rohstoffen wie Reis oder Getreide kann Wein erzeugt werden. Um die alkoholische Gärung von wenig zuckerhaltigen Grundstoffen zu erleichtern, kann auch Zucker beigegeben werden.

Traditionell ist in den romanischen Ländern Weinessig verbreitet, während in den germanischen Ländern auch Fruchtessige einen gewissen Stellenwert haben. In England dagegen hat sich die Kultur des Malzessigs entwickelt – übrigens weil Oliver Cromwell den Import von französischem Wein verbieten ließ. Die Maische aus vergorenem Getreide, meist Gerste, ist ein Malzwein, den man mit einem ungehopften Bier vergleichen kann. In Südostasien wird hauptsächlich Reisessig verwendet, der aus Reiswein (Sake) erzeugt wird. Traditionell ist chinesischer Reisessig dunkelbraun und recht säuredominant, während die thailändische und japanische Variante klar und mild ist.

Das Dilemma des Essigs ist sein Image als Abfallprodukt. Allzu oft wurde Essig tatsächlich aus minderwertigen Rohstoffen oder umgekippten Weinen gewonnen. Qualität braucht allerdings absolut sauberes Ausgangsmaterial, was besonders bei aromareichen Essigen zutrifft.

Schon beim Branntweinessig, der Basis für viele einfachere Essige, verwendet man qualitativ saubere Grundprodukte. Dafür wird durch Destillation aus Agrarrohstoffen wie Weizen oder Zuckerrüben Alkohol gewonnen. Für die Veressigung wird der mit Essig vergällte hochprozentige Branntwein mit Wasser verdünnt und mit kleinen Mengen Nährsalzen und anderen Nährstoffen angereichert, die hier, im Gegensatz zu Fruchtweinen, nicht von Natur aus ent-

halten sind. Branntweinessig wird auch als Tafelessig bezeichnet und traditionell in Holzbildnern hergestellt. Um die Begriffsverwirrung zu vervollständigen, sei auch folgendes gesagt: Branntweinessig wird häufig zu Wein-Branntweinessig veredelt, wobei mindestens ein Viertel Weinessig zugesetzt wird. Es entsteht dabei ein Essig, der relativ neutral und „weinsauer" schmeckt und vornehmlich als Ansatzessig verwendet wird – Kräuter wie Estragon, Rosmarin etc. werden im Essig eingelegt und verleihen diesem ihr Aroma.

Für den Fruchtessig werden als Ausgangsprodukt reine Fruchtsäfte verwendet, sogenannte Muttersäfte. Aus diesen werden unter Zugabe spezieller Hefekulturen reine Fruchtweine vergoren und anschließend veressigt.

Die europäische Essigtriade

Aceto Balsamico Tradizionale di Modena

D

Die Zeit scheint stillzustehen. Die verhangene Sonne taucht die weite Ebene in ein weiches, verschwommenes Licht. Fast spürbar ist die Behäbigkeit und Gemächlichkeit in den kleinen Städtchen rund um Modena, die wirtschaftliche Schaltstelle der Region. Etruskisches, römisches und mittelalterliches Zentrum eines seit jeher wohlhabenden fruchtbaren Landes, kommt heute noch die Funktion einer „Gralsburg" dazu, wo eine unbeugsame, wenn auch immer kleiner werdende Schar edler Ritter um die Anerkennung eines der außergewöhnlichsten Lebens-Mittel der Welt kämpft – des Aceto Balsamico Tradizionale di Modena. Den Begriff Essig dabei anzuwenden, entspräche weder der üblichen Erwartungshaltung noch dem Gesetz, denn die Produktionsweise unterscheidet sich grundlegend von allen anderen Produkten dieses Genres.

Fürstlicher Balsam

Die erste überlieferte Werbekampagne für die sanfte Würze richtete sich gleich an die nobelste Zielgruppe: Herzog Bonifaz von Canossa – der Ort liegt 30 Kilometer westlich von Modena – verehrte dem deutschen Kaiser Heinrich III. auf dem Weg zur Krönung nach Rom 1046 ein Fläschchen Balsamico. Was wert eines Kaisers ist, diente auch zur Steigerung des Wohlbefindens einer mächtigen Schönen: Lucrezia Borgia (1480–1519) nahm täglich ein Löffelchen Balsamico für Leib und Seele.

Da aber auch schon damals nicht alles edel war, das den langen Weg vom süßen Most zum fast ebenso süßen Nicht-Essig durchlaufen hatte, führten die Fürsten von Este eine erste Klassifizierung des Aceto Modenese ein, nachzulesen in „La Grassa – Libro de Boletini del 1556". Unterschieden wurde: „da agresto" (sauer) – „per cucina" (zum Kochen) – „da tavolo" (für den Tisch) – „per gentiluomoni" (für die Edelleute). Und richtig ernst – auch mit der bis heute gültigen Namensgebung – wurde es 1747, als die erste urkundliche Erwähnung aus einer Art herzöglichem Kellerbuch vom „L'accetto Balsamico" spricht.

David gegen Goliath

Exklusive Produkte zogen und ziehen aber immer Fälscher an, und davon gab es viele, unter anderem einen Herrn, der im vorigen Jahrhundert ein Konzentrat anbot, das man durch Verrühren mit Wasser zu Aceto Balsamico machen konnte. Doch überspringen wir die Vergangenheit, um den Werdegang des im Preis nur von Safran übertroffenen Balsams in der Jetztzeit weiter zu verfolgen.

Nach dem Zweiten Weltkrieg begann die Konkurrenz durch industrielle Großerzeuger, die auch heute trotz staatlichen Schutzes für „David Tradizionale" unvermindert anhält.

1983 erhielt der Aceto Balsamico Tradizionale di Modena die Anerkennung als DOC (denominazione di origine controllata), 1986 wurde der nach vergleichbaren Methoden hergestellte Tradizionale aus dem nahe gelegenen Reggio nell'Emilia in den kontrollierten Herkunftsschutz mit einbezogen. In der Zwischenzeit hatten die Großbetriebe der Regionen Modena und Reggio natürlich nicht geschlafen und sich ebenfalls um

Der Palazzo Ducale in Modena – Symbol einer wohlhabenden Region. Hier hat der Fürst von Este schon 1556 vier Qualitätsstufen des Balsamico bestimmt: da agresto, per cucina, da tavola, per gentiluomini

eine DOC angestellt, vor allem, um sich die unliebsame Konkurrenz im Rest Italiens vom Leib zu halten. Allerdings wurde 1989 diese DOC wieder aufgelassen, was im Klartext bedeutet, daß jeder industrielle Erzeuger einen Aceto Balsamico di Modena – wohlgemerkt aber keinen Tradizionale – auf den Markt bringen kann. Die ständigen Rechtsstreitigkeiten, die das Consorzio auszufechten hat, führen dazu, daß zeitweise bis zu zwölf Anwälte für die gute Sache kämpfen.

Die am 9. Februar 1997 von der italienischen Regierung veröffentlichten DOC-Bestimmungen legen in Weiterführung einer bereits 1976 von den Maestri Assaggiatori des Consorzio erstellten Definition folgendes fest: „Der traditionelle Balsamessig der Region Modena wird aus gekochtem Traubenmost gewonnen, der bei natürlich ablaufender Essigsäuregärung altert und während seiner Lagerung in immer kleiner werdenden Fässern unterschiedlicher Holzsorten nach und nach immer stärker konzentriert wird. Er unterliegt

Die romanische Basilika von Modena mit dem in sich schiefen Turm, La Ghirlandina genannt

dabei einem langsamen Reifungsprozeß, in dessen Verlauf ihm keinerlei Aromastoffe zugesetzt werden. Seine Farbe ist ein leuchtendes und dichtes Dunkelbraun. Er hat eine für ihn eigentümliche Dickflüssigkeit, die ihm eine gut gleitende, sirupartige Beschaffenheit verleiht. Sein Aroma ist charakteristisch und vielfältig, durchdringend und deutlich, aber angenehm und harmonisch sauer. Der traditionelle und unnachahmliche Geschmack ist süß-sauer und gut ausgewogen. Er ist wohlschmeckend und hat weiche Noten, die genau mit den Geruchsempfindungen übereinstimmen."

Ein vom Consorzio numeriertes und kontrolliertes Faß – Aceto Balsamico Tradizionale di Modena

Die Hüter des heiligen Grals

Die Hersteller der Region sind in zwei Vereinigungen zusammengeschlossen, dem Consorzio Produttori di Aceto Balsamico Tradizionale di Modena und dem Consorzio Aceto Balsamico Tradizionale di Reggio Emilia. Die kleinen, feinen Unterschiede zwischen den beiden Kontrollinstitutionen beschränken sich neben den zugelassenen Traubensorten auf die Kategorisierung des Endprodukts. In Reggio gelten drei Qualitätskategorien, kenntlich gemacht durch verschiedenfarbige Siegel; in Modena enthalten die typischen 0,1-Liter-Fläschchen im unverwechselbaren Giugaro-Design entweder mindestens zwölf Jahre gereiften Tradizionale oder die seit 1994 eingeführte Extravecchio-Variante, die mehr als 25 Jahre Reifezeit aufweisen muß.

Das Consorzio in Modena wurde bereits 1979 gegründet und vereinigt heute knapp 100 Mitglieder, worunter sehr viele „Passive" sind, die derzeit keine Produkte auf den Markt bringen können – was sich aus der aufwendigen und zeitraubenden Art der Reifung erklärt. Da es sich um ein ausgesprochen traditionelles Erzeugnis handelt, ist es auch heute noch in vielen Haushalten – geschätzten 1500 – üblich, sich mit zumindestens einer Batterie von Fäßchen mehr oder weniger intensiv zu beschäftigen, auch wenn die winzige Menge des gewonnenen Elixiers vielleicht nur als Brautgeschenk, Taufgabe oder Zeichen der Verehrung für die allerbesten Freunde seine Bestimmung findet.

Äußeres Zeichen für garantierten Tradizionale – das Fläschchen des Consorzio di Modena

Wirtschaftsfaktor „en miniature"

Während die Industrie in Italien eine geschätzte Gesamtsumme von 20 Millionen Liter Essig produziert (dafür aber nur relativ wenige Arbeitsplätze zur Verfügung stellt), ist der Tradizionale infrastrukturell wesentlich wertvoller für die Region Modena, weil man schon mit einer Rebfläche von zwei Hektar auskommen kann. Die heutige Problematik liegt in der fehlenden Absicherung für die Produzenten, die durch die unklare gesetzliche Lage immer mehr verunsichert werden. Zwar sind die Voraussetzungen für eine DOP (so die EU-Nomenklatur der geschützten Ursprungsbezeichnung) erfüllt, aber die italienische Regierung hat das Ansuchen seit sieben Jahren eingefroren – wohl auch auf Druck der Großproduzenten, die den lukrativen Namen für ihre billigen, industriellen Erzeugnisse nicht verlieren wollen.

Die jährliche Produktionsmenge von Tradizionale klingt im Vergleich zum Image und dem Verbreitungsgrad beinahe wahnwitzig winzig: Während bis 1994 keine 10.000 Fläschen pro Jahr abgefüllt wurden (weniger als 1000 (!) Liter), hat sich die Produktionsmenge im letzten Jahr auf immerhin 52.000

Fässer können mit der Zeit undicht werden. Um den Boden vor der aggressiven Essigsäure zu schützen, werden Auffangtassen untergelegt

Fläschchen gesteigert, was seinen Grund darin hat, daß neben dem Gros der Kleinsterzeuger einige wenige auf den Plan getreten sind, die die Ausbeute einer größeren Fässeranzahl jetzt auf den Markt bringen können.

Doch auch damit kann die vorhandene Nachfrage nach dem exklusiven Produkt eben nicht erfüllt werden und schafft Platz für Imitate. Die Lücke, die heute schon klafft, wird sich aber erst in zehn bis 20 Jahren in ihrer ganzen Tragweite bemerkbar machen, weil der Tradizionale eben nicht auf Abruf hergestellt werden kann, sondern allein durch den nicht zu beschleunigenden Faktor Zeit zur Marktreife kommt.

Doch bis es für ein solches Produkt so weit ist, ist noch eine gewaltige Hürde zu überwinden: die Zulassung durch das gestrenge Panel der Maestri Assaggiatori, die Jahr für Jahr rund 1000 eingereichte Proben auf die verlangten charakteristischen Eigenschaften überprüfen.

In der Consorteria von Spilamberto lernen sie ihre Kunst, die Assaggiatori, die professionellen Verkoster

Das Nadelöhr zum Markt

Weltweit gibt es 80 Maestri Assaggiatori, wie die Verkoster genannt werden. Der Ehrentitel (Anwärter darauf müssen sich mit dem einfachen „Assagiatore" zufriedengeben) wird erst nach jahrelangen Schulungen verliehen, wofür die Consorteria dell'Aceto Balsamico Tradizionale di Modena mit Sitz in Spilamberto zuständig ist. Große Verdienste im ehrenwerten Kampf für den Tradizionale hat sie sich auch damit erworben, Jahr für Jahr am 24. Juni den Palio zu organisieren, bei dem nach wochenlangen Verkostungen der Champion gekürt wird – eine große Ehre für den jeweiligen Produzenten.

So, wie Flieger jährlich Flugstunden nachweisen müssen, so sind auch die Verkoster verpflichtet, ein gewisses Pensum zu ab-

solvieren (100 Proben im Jahr), um ihren Gaumen à jour zu halten. Die Jury – in einer Sitzung kosten fünf Personen, wobei Produzenten nicht dabeisein dürfen, wenn eine ihrer Kreszenzen auf dem Prüfstand steht – beurteilt in fünf Durchgängen jeweils vier Proben. Bewertet wird zunächst sensorisch – die Farbe, der Geruch und der charakteristische Geschmack –, anschließend wird in offener Diskussion anhand der Punktelisten darüber befunden, welche Erzeugnisse in den Olymp aufgenommen werden. 75 Prozent der eingereichten Proben werden zurückgewiesen. Wer die Hürde geschafft hat, liefert die vorhandene Menge an das Consorzio, wo sie abgefüllt und versiegelt wird, erst danach wird sie dem Produzenten zur weiteren Vermarktung freigegeben.

Das Kriterium des Alters ist relativ, denn entscheidend für die Bezeichnung als 12- beziehungsweise 25jähriger Tradizionale ist die organoleptische Prüfung. Daher kommt ein zwölf Jahre gelagertes Produkt nicht automatisch durch die Kommission. Die Dichte (gemessen in spezifischem Gewicht) eines Extravecchio muß mindestens 1,3 betragen, ansonsten wird er auf einen Zwölfjährigen zurückgestuft, der wiederum mindestens 1,25 Dichte aufweisen muß. Ausschlaggebend für das Endurteil ist das geschmackliche Harmonie-Empfinden, was es dem Konsumenten auch erleichtert, den Geschmack vor dem Kauf einzuschätzen und nicht durch Jahrgangszahlen verwirrt zu werden.

Die penible Dokumentation der Verkostungen erlaubt eine lückenlose Kontrolle bis zurück zum Weingarten. Vergleichbar streng und auch in ähnlicher Form handelt nur noch die Kommission zur Überwachung von Cognac. Geplant ist auch eine Erfassung aller Rebflächen und vorhandenen Fässer in den Betrieben, um in Zukunft eine verläßliche Kapazitätseinschätzung treffen zu können.

„In der Acetaia bleibt die Zeit stehen, also wartet man. Im Balsamico sind nur zwei Dinge – gekochter Most und Zeit." – Claudio Biancardi, Presidente del Consorzio

*Alt und bewährt:
Der Essig wird über
Leinensäcke gefiltert*

Die Stufenleiter zur geheimnisvollen Essenz

Und was ist es eigentlich, das den Aceto Balsamico Tradizionale di Modena so einzigartig macht? Am Anfang war – wie so oft – die Traube, im Falle des Tradizionale die in Italien weitverbreitete, süße Trebbiano (die Bestimmungen für Reggio gestatten zusätzlich noch Occhio di gatto, Spergola, Berzemino und Lambrusco). Geerntet wird bei einem Reifegrad von etwa 16 bis 20 Grad Klosterneuburger Mostwaage, danach werden die Trauben von Stielen und Kämmen befreit, bevor gepreßt und gefiltert wird. Bis hierher verläuft alles so, wie man es kennt. Der gravierende Unterschied auf dem weiteren Weg zum Essig – der eben keiner ist – heißt „mosto cotto". Das Mosteinkochen ist nach italienischem Gesetz nur für Tradizionale und Marsala erlaubt.

Der Most wird sofort nach dem Pressen gekocht, um eine Gärung zu verhindern, wobei die Vorschriften besagen, daß die Prozedur auf direktem Feuer und in offenen Behältern vonstatten gehen muß. Die Temperatur wird dabei auf etwa 85 Grad gehalten, um Karamelisieren oder gar Anbrennen zu vermeiden. Bis zu 30 Stunden dauert dieser Vorgang, während dessen ständig der sich bildende Schaum abgeschöpft wird. Der Konzentrationsgrad, der damit erreicht wird, liegt zwischen 30 und 70 Prozent (etwa 30 Grad Klosterneuburger Mostwaage) der ursprünglichen Menge – neben dem Ausgangsmostgewicht abhängig von der jeweiligen Familientradition oder dem geheimen „Kochrezept" des Produzenten. Je stärker der Most eingekocht wird, um so süßlicher ist das Endprodukt; je weniger er eingekocht wird, um so mehr Säure wird der fertige Tradizionale haben. Andere „technische" Korrekturen – wie in der Weinwirtschaft erlaubt und üblich – bleiben den Produzenten verschlossen.

In der nächsten Phase wird das Mostkonzentrat abgekühlt und in Glasballons gefüllt, wo es bis zum Frühjahr Zeit hat, sich zu klären. Aus dem Winterschlaf geweckt, beginnt der ernste Teil der Sache, in Tanks – traditionellerweise in 200-Liter-Fässern – entwickelt sich die alkoholische Gärung und anschließend die Umwandlung des Alkohols in Essigsäure. Die warme Jahreszeit fördert die Tätigkeit der Essigbakterien, und im Herbst, wenn sie sich wieder zur Ruhe begeben, wird es unruhig in der Acetaia: Der heikelste und für das Endpro-

Der Stein der Nonna

Die kleinsten Fässer wurden früher mit einem Kalkstein zugedeckt, wenn der Säuregehalt zu hoch wurde. Die aufsteigende Säure hat den Stein zerfressen, der in das Faß rieselnde Kalk die Säure kompensiert. "Als Kinder hatten wir nichts zum Spielen, also hatten wir unseren Spaß an den Steinen mit dem Loch in der Mitte." – Ermes Malpighi

dukt maßgebliche Prozeß des Umfüllens innerhalb der Faß-Batterien (Details siehe Abschnitt über Faßerzeugung) erfordert die ganze Aufmerksamkeit des Produzenten. Das Ab- und Umfüllen geschieht nur bei großen Fässern mit der Pumpe, bei kleinen mit dem Heber, um die Sedimente nicht aufzurühren.

Und jeder einzelne schwört auch auf seine eigene Methode. Nicht zuletzt soll „ la luna calente" – der abnehmende Mond – ein wesentlicher Qualitätsfaktor sein ... Ein Beispiel soll den aufwendigen Umfüllvorgang verdeutlichen: Werden zwei Liter aus dem kleinsten Faß – jedoch nie mehr als zehn Prozent – entnommen, werden aus dem nächsten Faß vier Liter aufgefüllt (zur Kompensation von Verdunstung und Entnahme), aus dem dritten kommen acht Liter in das zweite Faß und so fort, bis im größten Faß der Batterie mit „mosto cotto" der nächste Durchgang gestartet wird.

Der Konzentrationsgrad am Ende der langjährigen Reifephase ist enorm: Von 100 Kilogramm Trauben bleiben 2,5 bis 5 Kilogramm Tradizionale, wobei das spezifische Gewicht vom Traubensaft mit 1,1 bis zur höchsten Stufe auf 1,35 Kilogramm pro Liter steigt. Mit der zunehmenden Konzentration – natürlich auch des Zuckers – steigt auch der Säuregehalt ständig, wobei diese Säure im Endprodukt niemals so sauer empfunden wird wie vergleichsweise bei Weinessig. Je nach Intensität des Einkochens entwickelt sich die Säure anders – bei stark eingekochtem Most dauert es länger, bei wenig konzentriertem Most dauert es nicht so lange, bis die gewünschte Säure erreicht ist.

Die Entscheidung, ob es ein 12- oder 25jähriger Tradizionale werden soll, muß schon zu Beginn fallen. Der stärker eingekochte Most ist prädestiniert für den „Älteren", wobei das Umziehen beim Extravecchio in längeren Intervallen erfolgt. Nach Fertigstellung, also nach frühestens zwölf Jahren, kann man eine Probe vor das Consorzio bringen. Vor dem Abfüllen kommt das aus den kleinsten Fässern entnommene Konzentrat in ein gemeinsames großes, wo die Gesamtmenge – meistens auch diese nur wenige Liter – die letzte Harmonie erlangen soll.

Beginnt man eine Batterie vollkommen neu (die Lebensdauer kann bis etwa 50 Jahre betragen), wird sie mit drei Viertel altem Essig samt der Essigmutter einer alten Batterie und einem Viertel neuem Most aufgefüllt. Die vorhandenen Bakterien bringen den Prozeß von alleine in Gang. Durch die ständige Luftzufuhr – die Acetaie befinden sich darum auf den Dachböden und nicht im Keller, und die relativ große Faßöffnung wird nur von einer feinen Schicht Gaze bedeckt – verdunstet innerhalb eines Jahres bei neuen Fässern ungefähr ein Drittel des Inhalts. Bevor man ein Faß überhaupt mit Essig befüllt, wird es über ein Jahr lang vorbereitet, indem man dem Holz durch Auslaugen mit Weinessig die Schärfe zu nehmen versucht.

Alle zehn bis 15 Jahre werden die Fässer mit frischem Essig ausgeschwemmt, um die Trubstoffe zu entfernen, und auch die Essigmutter wird auf diese Weise wieder aufgefrischt. Im Winter senken sich die Trubstoffe aufgrund der Kälte ab, im Sommer kommt bei Temperaturen von bis zu 60 Grad die Gärung wieder in Gang.

Phasen des Reifungsprozesses

- Fermention durch Bakterientätigkeit
- Bei hoher Konzentration von Säure und Zucker sind die Bakterien nicht mehr lebensfähig und sterben ab. Lebende Essigbakterien findet man nur in den ersten beiden Fässern.
- Biochemischer Prozeß durch Enzyme, die sich an bestimmte Moleküle anheften und deren Bewegungsfähigkeit einschränken. Das bewirkt eine Konzentration.
- Die letzte Phase ist die Zersetzungsphase (Autolyse), ab der nur mehr ein chemischer und danach ein physikalisch-mechanischer Alterungsprozeß stattfindet.

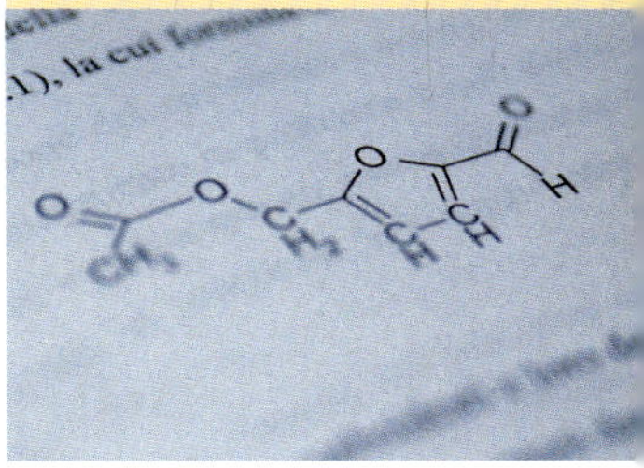

Die Produktion läuft stets nach dem gleichen Muster ab, auch in der Acetaia del Cristo. „Das einzige, was wir zu tun haben, ist den Most zu kochen und im Winter umzufüllen. Der geringe Einfluß, den der Produzent hat, ist die Auswahl des Holzes und die Bestimmung des Mischungsverhältnisses im Grundprodukt. Das, was am Ende herauskommt, ist gottgewollt und naturgegeben, und soll auch gar nicht von Menschenhand verändert werden."

Primus inter pares – Acetaia del Cristo

Die Azienda Agricola Barbieri ist mit 1050 Fässern einer der größeren Betriebe der Region, nimmt aber eine gewisse Sonderstellung im Consorzio ein. Hier verfolgt man eine – vom Holzeinsatz gesehen – sozusagen sortenreine Ausbaulinie, wobei speziell die Hölzer Kirsche und Wacholder bevorzugt werden.

Das kleine Gut inmitten von Weingärten und Feldern macht von außen einen höchst unscheinbaren Eindruck, man würde auf den ersten Blick nicht vermuten, hier einen der Top-Produzenten anzutreffen, dessen Tradizionali weltweit den besten Ruf besitzen. 1990 gelang es dem Hause auch, den heißbegehrten Paliosieg zu erringen.

Mit technisch anspruchslosen Mitteln – eine kleine gasbefeuerte Anlage mit einfacher Temperatursteuerung für die Mosterhitzung – und auf verhältnismäßig engem Raum – die Acetaia ist restlos verwinkelt und bis auf die letzte Nische mit Fäßchen belegt, was in Anbetracht des komplizierten Um- und Auffüllens bewundernswert ist – entstehen hier Tradizionali, die durch Eigenwilligkeit und große Komplexität bestechen.

Die Verkostung eines repräsentativen Querschnitts durch die Batterien und das Verkaufsangebot präsentierte den Tradizionale in vielleicht ungewöhnlicher Ausprägung, die aber dem Begriff des „modernen Essigs", dem wir auf der Spur waren, in höchstem Maße entspricht, ohne seine traditionellen Wurzeln zu verleugnen.

Verkostnotizen

- Faßprobe Most 34 °KMW, Ernte 1999
  Mostige Note, eigenwillig rauchiger Touch, wirkt staubig-kreidig, aber reintönig und harmonisch.
- Faßprobe aus dem Maulbeerholz (in der ersten Fermentationsphase, 6–7%)
  Wird von spitzer, noch sehr aggressiver Säure dominiert, wenig Eigencharakter.
- Faßprobe aus Kirschholz (ca. drei Jahre älter)
  Immer noch relativ aggressiv, mit wenig Aromen.
- Affinato (12 Jahre, 7 %)
  Leichtes Maggi, sehr milde, weiche Charakteristik, zunächst sehr harmonisch „zum Löffeln", bleibt aber mit etwas stumpfem Ton am Gaumen zurück, widersprüchliche, nicht ganz eingebundene Säure.
- Faßprobe aus Kirschholz (12 Jahre oder mehr)
  Cremig-üppig, fast sirupartig, Säure und deutliche, sortentypische Frucht im Vordergrund, etwas ambivalent, nicht ganz harmonisch.
- Faßprobe aus Wacholderholz
  Sehr typische, rauchig-herbe Würze, Holz deutlich erkennbar, dicht und kompakt, feine vegetale Aromen, starker Charakter.

- Extravecchio
  Sehr malzig, mit intensivem Liebstöckelaroma, feine Herbe mit schokoladig-nussiger Geschmacksstruktur, vielschichtig und schön balanciert.
- Extravecchio
  Limonige und zitronige Aromen, sehr floral, insgesamt zu lieblich, wirkt wie süßes Maggi, wenig Säure.
- Faßprobe aus Kastanienholz (uralt, 16 %)
  Holzintensiv im Duft, riecht wie „saures Barrique", am Gaumen ein Säuremonster mit rauchig-röstiger Note.
- Faßprobe aus Wacholderholz
  Extrem überhöhte Säure, wacholdertypisch, erinnert an Badesalz, feurig, mit nachhaltig strenger Würze, ein Unikum, fordernd.

Der PR-Profi – Ermes Malpighi

„Tradizionale ist das einzige Premiumprodukt der Welt, das nicht bis zum Ende in der Hand des Produzenten bleibt, weil das Consorzio die Abfüllung vornimmt. Wir haben eigentlich wenig Arbeit, und Zeit zählt auch nicht. Hier gibt es keinen Streß. Balsamico zu produzieren ist ein Zukunftsprojekt für die nächste Generation. Wenn mein Sohn 50 ist, hat er Tradizionale, den ich heute angelegt habe."
– Ermes Malpighi

Seit fünf Generationen wird bei Malpighis Tradizionale erzeugt. Haupteinnahmequelle der Besitzerfamilie ist dagegen einerseits der Immobilienhandel, andererseits ein Metallbearbeitungsunternehmen, das auch Teile für Ferrari – ein Modeneser Top-Heimspiel-Erzeugnis – herstellt. Begonnen hat Ermes Malpighi mit 27 Fässern, die er von den Eltern geerbt hatte, heute ist man mit 1420 Fässern – 84 davon sind für den Extravecchio reserviert – der Leader im Consorzio.

Als Herzensangelegenheit, „mio passione", bezeichnet der graumelierte Charmeur alter Schule – nichtsdestoweniger mit allen PR- und Marketingtricks bestens vertraut – seine Acetaia, die in allen Ecken und Winkeln das Mysterium des Tradizionale ins beste Licht setzt. Mit gekonnt arrangierten Accessoires aus der Geschichte des Hauses, Karaffen und Krügen, Bildern und Büchern.

Verkostnotizen

- Faßprobe vom „mosto cotto“
Sehr hell und reduktiv, honigsüß, weich, wenig Säure, wirkt sehr geschliffen.
- Zwölfjähriger
Leicht vegetale Würze, grünlich-süß, eckig ohne große Feinheit.
- Extravecchio
Elegant strukturiert, ausgewogen in Säure und Süße.
- „Methusalem“ (angeblich 100 Jahre alt)
Fruchtige Brombeeraromen, cremig, aber doch dezent in der Süße, Nuß-Schoko-Noten, bleibt marmeladig-üppig am Gaumen.

Rund 5000 Besucher absolvieren auch Jahr für Jahr die Tour de Balsamico, beginnend im designten Vortragssaal, zwischendurch aufgelockert durch einen Spaziergang durch den gepflegten Park mit Teich und dazugehörenden Schwänen, endend mit der obligatorischen Verkostung. Mit einem speziellen Ausgießer – salva amicizia (ermöglicht dosiertes Ausschenken und hat dadurch „nicht erst eine Freundschaft gerettet“) – werden die Proben auf den Verkostungslöffel geträufelt.

Und zum Schluß hat man hier noch mit einem besonderen Zukkerl im wahrsten Sinne des Wortes aufzuwarten: süß-sauren Bonbons (Vindrops) und Essigpralinen (Vinroyal), die man auch in den Feinkostläden Modenas prominent positioniert findet.

Aceto ist kostbar – die Entnahme einer Faßprobe gleicht einer sakralen Handlung

Diversifizieren heißt die Devise – Acetaia Bompana

Das Anwesen in San Donnino hat die Zeichen der Zeit erfaßt. Neben dem klassischen Tradizionale steht auch ein agrarisch-kulinarisches Spezialprodukt auf dem Programm, eine „Salsa Balsamita" genannte, würzige Sauce auf der Grundlage von Obst. In der landestypischen, wenn auch etwas rustikalen Küche – gleich nebenan im Restaurant „Baia del Re" (siehe Abschnitt über Kulinarik) – serviert man sie zum gekochten Rindfleisch.

Die Acetaia unterscheidet sich in einem administrativen Detail von den übrigen, indem die 600 Fässer in Gruppen gleicher Größe angeordnet sind, was den Umfüllprozeß etwas erleichtern soll. Fein säuberlich, in Reih und Glied, sind unter den Fässern Auffangbehälter aufgestellt, um zu verhindern, daß die Tropfen mit der Zeit den Betonboden durchfressen.

Im Gegensatz zur traditionellen Ansicht, verschiedene Hölzer einzusetzen und ihnen verschiedenste Aromen zu entlocken, die dem Tradizionale sein persönliches Profil verleihen, dominiert hier Eichenholz. Einbildung oder nicht – die verkosteten Proben konnten nicht durch Eigenständigkeit überzeugen.

Verkostnotizen

- Faßprobe (12 Jahre) Erstaunlich hell und transparent, würzige Süße, glatt ohne Höhepunkt.
- Faßprobe (21 Jahre) Spitz im Geruch, zuerst üppig-cremig, wird immer zerfahrener und unruhiger, spitze Säure.
- Faßprobe (75 Jahre) Maggizuckerl, Ambivalenz zwischen Säure und insgesamt zu süßem Habitus.
- Extravecchio Tiefdunkle Aromen, Schokolade, Cassis, kraftvoll, hat Biß trotz stumpfer, süß-saurer Schärfe, bleibt insgesamt spitz.

Il Presidente – Claudio Biancardi

In der Acetaia Villa Bianca, Landsitz des Consorzio-Präsidenten Claudio Biancardi, fühlt man sich in eine andere Welt versetzt. Etwas außerhalb der Stadt, abgeschirmt vom Lärm der Straße durch die eigenen Weingärten, erwartet den Besucher ein höchst stilvolles Ambiente: liebevoller, gelungener Stilmix aus alt und neu in den großzügigen, lichtdurchfluteten Räumen der Villa, viel Kunst und als Tüpfelchen auf dem i die Acetaia.

Etwas ungewöhnlich, wenn man mit dem Aufzug – nicht wie sonst, über mehr oder weniger steile Treppen oder „Hühnerleitern" – seiner Majestät, dem Tradizionale, einen respektvollen Besuch abstattet. Alte Gerätschaften auf den Dachsparren verleihen dem Raum ein wenig Museumscharakter, aber im Rahmen der lebendig und spannend kommentierten Verkostung, in die auch viel wirtschaftlich-politischer Background mit einfließt, verrät der studierte Chemiker so

So ist die alte Methode, den Aceto zu prüfen – vom Handrücken. Hier riecht Claudio Biancardi an einer Probe aus einer 100jährigen Faßbatterie.

Verkostnotiz

- Extravecchio
  Intensive, dunkle, karamelige Aromen mit floralen Anklängen; Karamel- und Lakritznoten, die von einer sehr lebendigen, spannenden Säure getragen werden – sehr homogen und ausgewogen.

einiges aus dem Zauberkasten des „Essigmachens". Auch wenn – wie bei allen anderen „Tradizionalisten" – die Quintessenz lautet: „In der Acetaia bleibt die Zeit stehen, also wartet man. Im Balsamico sind nur zwei Dinge – gekochter Most und Zeit."

Wer jetzt neugierig geworden ist und den Unterschied zwischen den vielen als Balsam-Essig angebotenen Flüssigkeiten und dem echten Aceto Balsamico Tradizionale di Modena selbst herausfinden will, hat bei der jährlich im Frühjahr stattfindenden Messe „Balsamica" in Modena reichlich Gelegenheit. In deren Rahmen haben eine Reihe von Acetaie offene Tür, und 50 Restaurants in und um die sehenswerte Stadt offerieren spezielle Menüs mit Aceto Balsamico.
Informationen findet man auch im Internet unter:
www.comune.modena.it/balsamica

Aus starkem Holz gemacht

Rovere, castagno, robinia, frassino, ciliego, ginepro, gelso – schon die Namen der Hölzer zergehen weich auf der Zunge. So weich und süß, wie der Aceto Balsamico Tradizionale di Modena, der in solchen Fässern über viele Jahre seiner Reife entgegenschlummert.

In der Faßbinderei Renzi in Modena, die auch so berühmte Kunden wie Mondavi oder Nonino beliefert, wird das frische Holz vier bis fünf Jahre im Freien gelagert, danach rund um einen Ofen getrocknet. So kann es sich auf die späteren Bedingungen in der Acetaia – große Temperaturschwankungen – einstellen.

Tradizionale wird stets in einer bestimmten Folge von Fässern gelagert, die man „batteria" nennt. Klassisch zusammengestellt, besteht diese aus mindestens fünf Fässern in verschiedenen Größen, wobei der mosto cotto in das größte gefüllt wird, der reifste Essig daher im kleinsten Faß liegt. Die Abstufung der „Holztonleiter" könnte beispielsweise so aussehen: Das erste Faß hat ein Fassungsvermögen von 75 Litern, das zweite von 60, dann folgen Fässer mit 50, 40, 30, 24, 20, 16, 13 und schließlich mit 10 Litern. Das kleinste Faß darf nicht mehr als 20 Liter Inhalt haben, da ansonsten das Reifepotential der Batterie nicht optimal ausgenützt werden kann. Denn je kleiner das Faß, umso enger ist der Kontakt zwischen dem Balsamico und dem Holz, und damit ist auch die Eindickung durch Verdunstung größer.

Die Staffelung der Größen erscheint hier etwas willkürlich, stellt aber eine ausgeklügelte Folge dar. Denn der Tradizionale wird ja nur aus dem letzten Faß entnommen und eine entsprechende Menge aus dem zweiten nachgefüllt und so fort.

Daher müssen die Größenverhältnisse zueinander genau passen, denn der Balsam soll die Batterie schließlich in einer schon zu Beginn festgelegten Zeit durchlaufen, nicht mehr und nicht weniger. Er verliert dabei Flüssigkeit durch Verdunstung. Diese wiederum ist von der Größe des jeweiligen Fasses abhängig und natürlich von seiner Wandstärke. Sie sehen schon, die alten Modenesen haben sich was dabei gedacht, und die Verwendung eben dieser Holzsorten und Faßgrößen geht auf viel Erfahrung zurück.

In fast jeder Acetaia ist die Anordnung der Fässer eine andere, auch der Einsatz der Hölzer ist von Familie zu Familie verschieden. Jahrhundertealte Traditionen, von Generation zu Generation weitergegebene Familiengeheimnisse oder persönliche Vorlieben haben eine Vielfalt an Kombinationen geschaffen, die eine mindestens ebenso große Geschmackspalette der Endprodukte ermöglicht – trotz der grundsätzlich gleichen Herstellungsweise.

Die Fässer werden in der Regel mit einer Paste aus Walnußschalenpulver und dem Essig-Geläger gestrichen, was nicht nur häßliche Spritzer kaschiert, sondern auch patiniert. Alberto Briganti, Erzeuger von Fitneß-Studio-Einrichtungen und Faßbinder aus Passion, meint dazu: „Das gefällt besonders den australischen Destillateuren, die ihre Keller auf diese Art mit Tradition schmücken wollen."

- Eiche (rovere):
Mit ihrem kräftigen Aroma, den schönen Tanninen und der Eigenschaft, Körper und Konzentration während der Essiggärung zu unterstützen, wurde dieses Holz zu einem der beliebtesten – nicht zuletzt, weil es auch das billigste ist.
- Kastanie (castagno):
Das gerbstoffreiche Holz sorgt für eine intensivere Farbgebung und Säureentwicklung. Es wirkt unterstützend bei fermentativen und oxidativen Prozessen und kühlt als letztes aus – bei der Gärung entsteht ja Wärme, und bei den großen Temperaturunterschieden, die auf den Dachböden der Acetaie im Ablauf von Tag und Nacht herrschen, spielt das eine nicht unwichtige Rolle. Vorteilhaft sind bei der Kastanie auch die leichte Verarbeitung und lange Haltbarkeit.
- Robinie (acacia):
Charakteristisch für dieses Holz sind die herben, fast bitteren Aromen.
- Esche (frassino):
Dieses neutralste unter den Hölzern ist flexibel einsetzbar.
- Kirsche (ciliego):
Zart und luftdurchlässig, beschleunigt Kirschholz die Essiggärung und verleiht ein ausgesprochen feines, süßes, fruchtbetontes Aroma, das harmonisierend wirkt. In der Verarbeitung fällt

allerdings sehr viel Abfall an. Das weiche Holz ist auch für die Reifung von Destillaten beliebt.

- Maulbeer (gelso): Das sehr selten gewordene Holz ist geschmeidig und porös, was eine schnelle Faßreifung fördert. Aromadichte und Süße werden ideal unterstützt.
- Wacholder (ginepro): Das Holz ist sehr rar und hat ein intensives, kräftig würziges Wacholderaroma. Es wird selten eingesetzt, kann aber für ein sehr charaktervolles, eigenständiges Geschmacksbild sorgen – Eugenio Barbieri bietet sogar eine „sortenrein" im Wacholder ausgebaute Linie an und gilt damit auch als gewisser Außenseiter im Consorzio.

Im Laufe der Jahre hat sich die Vorliebe für bestimmte Hölzer gewandelt, was nicht in erster Linie geschmackliche Ursachen hat, sondern Folge des veränderten Vorkommens beziehungsweise der Verfügbarkeit ist sowie des damit zusammenhängenden Preises. Gab es beispielsweise früher auch im Raum Modena viele Maulbeerbäume, ist das Holz heute selten und außerdem geschützt. Damit wurde dieses Holz zur heißbegehrten Rarität, die es rührigen Faßbindern gegebenenfalls noch aus Osteuropa zu importieren gelingt. Kunden der wenigen Faßproduzenten für Essig in der Region nehmen jahrelange Wartezeiten auf sich, um ihre Batterien mit solchen Spezialitäten vervollkommnen zu können. Doch auch die üblichen Hölzer werden zunehmend aus Kroatien und anderen osteuropäischen Ländern bezogen.

Gesetzliche Bestimmungen für den Einsatz bestimmter Hölzer gibt es keine, doch scheinen in stiller Übereinkunft einige Grundregeln zu herrschen, die sich aus den natürlichen Eigenschaften der jeweiligen Holzart herleiten. Jedes Holz besitzt einen anderen Duft, eine bestimmte Aromastruktur, andere Luftdurchlässigkeit, Standfestigkeit und andere Zusammensetzung, die sich entsprechend auf die Aromabildung und Konzentration überträgt. Speziell am Ende der Reifezeit werden Hölzer bevorzugt, die dem Tradizionale noch eine letzte Abrundung mitgeben, wofür sich Kirsche, Maulbeere oder Wacholder besonders eignen. Doch läßt bereits die Analyse des Ausgangsproduktes eine entsprechende Zusammenstellung der Hölzer zu.

Manchmal kommt bei der Essigproduktion auch Apfel- und Birnenholz zum Einsatz, doch werden diese Fässer schon nach wenigen Jahren undicht. Durch die weiten Jahresringe ist außerdem der Verlust sehr groß.

In gebrauchten Fässern reift der Tradizionale besser, doch von Zeit zu Zeit müssen neue Fässer in die Acetaia eingebracht werden – als Ersatz undicht gewordener oder beim Start einer neuen Batterie. Diese neuen Fässer brauchen allerdings ein Jahr Vorbereitungszeit, bevor sie mit dem sensiblen Produkt in nähere Berührung treten dürfen. Vor dem ersten Befüllen werden sie mit kochendem Salzwasser und dann mit kochendem Weinessig ausgewaschen. Mit Wein befüllt, bleiben sie ein Jahr lang stehen, bis durch den Fermentationsprozeß das Holz für den weiteren Kreislauf mit den notwendigen Essigbakterien geimpft ist.

Zwar werden die Bretter heutzutage nicht immer so kunstvoll gehobelt wie früher – jetzt weiß die smarte Säge, welche Rundungen für welche Form des Fasses nötig sind –, doch die Faßbinderei ist immer noch eine recht archaische Sache

Nach etwa zehn Jahren beginnt der konzentrierte Inhalt eines Fasses Probleme zu machen, weil der Gehalt an Wasser im Balsamico dann so gering ist, daß die Fässer auf eine gewisse Art auszutrocknen beginnen und undicht werden. Ob ein Faß wirklich gut ist, zeigt sich allerdings erst nach etwa 20 Jahren. Die besten können dann noch gut 100 Jahre und mehr ihre Dienste tun.

In Modena sieht man manchmal sogar das Faß im Faß. Ein neues Faß wird dabei um ein altes Faß herum gebaut, von dessen besonderen Fähigkeiten man überzeugt war. Dies geschieht wohl eher aus sentimentalen Gründen als aus objektiven – eine weitere Facette im mystischen Essigleben.

Vinagre de Jerez – Sherry-Essig

Die andalusische Stadt Jerez de la Frontera ist berühmt für ein besonderes System zur Reifung von Weinen, die Solera. Nach einem traditionellen Schema durchläuft Sherry dabei mehrere Reihen von Eichenfässern. Daß im Gebiet neben dem Wein auch Essig und Brandy aus Trauben erzeugt werden, die ebenfalls in der klassischen Solera reifen, ist eine weitere Besonderheit. Die alten Bodegas mit ihren Zigtausenden Fässern und einer ausgeklügelten „Klimatisierung" sowie die Jahrhunderte währende Herrschaft der Mauren bestimmen das Bild von Jerez bis heute.

Don Fernando T. de Terry y Galarza – ein spätberufener Essigmacher mit viel Respekt vor Tradition

Der Don

„Eigentlich", so erzählt uns Don Fernando Terry, ein würdevoller Herr in den 70ern, während eines ländlichen Frühstücks, wie er es nennt, bei dem spanischer Jamon und mit Paprika aromatisiertes Schweineschmalz zusammen mit Toastbrot gegessen wird, „bin ich durch Zufall zum Essig gekommen und das recht spät." Erst 1992 habe er eine alte Bodega gekauft, wie die Weinkeller hier heißen – tatsächlich sind es Hallen, denn sie sind meist bemerkenswert groß und ausnahmslos überirdisch. Die meisten Bodegas im Sherry-Gebiet tragen sogar Namen, und diese eine heißt La Mendoza, im Hause ehrfurchtsvoll La Sacristaia genannt. Darin seien unter anderem auch einige Fässer mit sehr altem Sherry-Essig gewesen, die der Vorbesitzer wohl vergessen habe. Solchermaßen auf den Geschmack gebracht, begann Don Fernando mit der Essigproduktion und stieg unter dem Namen „Vinagres de Yema" in einen Markt ein, der damals ganz von Domecq beherrscht wurde – übrigens auch der größte Produzent von

Das mediterrane Klima macht Sherry-Essige zu dem, was sie sind – reife, charaktervolle Essenzen

Wein in der Region Jerez. Anders als viele der rund 30 Erzeuger von Vinagre de Jerez aber setzt Don Terry nicht nur auf Tradition und den guten Namen des Produkts, sondern hat auch ein modernes Labor. „Eigenartigerweise", so meint er, „gibt es nämlich noch keine wissenschaftliche Arbeit über den Sherry-Essig." Im Betrieb arbeitet übrigens auch eine Verkaufsleiterin aus Singen am Bodensee, die vermutlich nicht unbeteiligt ist am 60 %igen Exportanteil. Und auch wenn die Tradition noch hochgehalten wird, mittlerweile findet die Produktion in einer Halle auf der grünen Wiese statt, denn Bodegas wie La Sacristaia liegen mitten in der Altstadt und sind mit großen LKWs kaum erreichbar – immerhin hat der Betrieb mittlerweile 4000 Fässer à 600 Liter.

Nebenprodukt mit Weltrang

Sherry-Essig hat vor allem in Frankreich einen hervorragenden Ruf. In der Nouvelle Cuisine nimmt er einen fixen Platz ein.

In guten Bodegas, wie bei Vinagres de Yema, lebt selbst jeder Kellerarbeiter für das Produkt

Anders in Spanien, wo Sherry-Essig früher fast ausschließlich in der Region Jerez konsumiert wurde. Erst über den Umweg Frankreich kam auch der Rest des Königreiches auf den Geschmack. Dennoch ist Sherry-Essig – genauso wie Sherry-Brandy – für die meisten Betriebe auch heute noch ein Nebenprodukt. Bei einer Jahresproduktion von ca. 33.000 Hektolitern ist das zwar etwas schwer zu glauben, hält man allerdings die Zahl jährlich abgefüllter Flaschen an Sherry-Wein dagegen, werden einem die Verhältnisse rasch klar: Es waren 1999 nicht weniger als 1,050.000 Hektoliter, also 30mal soviel! Jerez ist in erster Linie eine Weinbauregion, und es darf vermutet werden, daß die Essigproduktion sich zwar parallel entwickelt hat, aber nur aus der Verlegenheit heraus, daß in der sommerlichen Hitze Andalusiens immer wieder Fässer, deren Inhalt für das Abfüllen in Weinflaschen vorgesehen war, „umgefallen" sind und zu Essig wurden. Das würde auch erklären, warum es über Sherry-Essig nur sehr wenige historische Dokumente gibt.

Die Region Jerez unterscheidet sich von anderen Weinbauregionen in einem wesentlichen Punkt: Es wird oxidativ vergoren, und der Wein passiert im Laufe der Zeit eine vorgegebene Skala an Fässern. Durch das oftmalige Umziehen von einem Gebinde in ein anderes sowie das nicht vollständige Befüllen der Fässer hat der Wein viel Gelegenheit, mit Sauerstoff in Kontakt zu kommen – eine Ausnahme ist der Fino, der zwar in den gleichen Fässern reift, an der Oberfläche allerdings die sogenannte Florhefe entwickelt, die ihn vor der Oxidation schützt, er ist daher auch der einzig helle Sherry-Wein. Den Vorgang, nach dem der Wein eine ganze Batterie von Fässern durchläuft, nennt man Solera-System. Dieses ist einzigartig in der Weinwelt, weil es in Jerez aber seit langem üblich ist, kam auch der Essig in den Genuß dieses Verfahrens – wie übrigens der Brandy de Jerez auch.

Die Lagerung in der Solera ist ein System, das sich über Jahrhunderte entwickelt hat

Die Bodegas – mit ihren Wein-, Essig- und Brandyraritäten – zählen zu den wichtigen touristischen Attraktionen Andalusiens

Die Solera – Skala der Essigreifung

Unter einem Solera-System versteht man systematisch angeordnete Faßreihen, die nach bestimmten Regeln mit Sherry-Wein/-Essig/-Brandy zwecks Reifung befüllt werden. Dabei liegt eine unbeschränkte Anzahl an 600 Liter fassenden Fässern in drei Reihen übereinander. Verwendet wird meist amerikanische Eiche, sie hat große Poren und fördert damit den Luftkontakt. Außerdem sind die Fässer nur zu fünf Sechsteln gefüllt. Die unterste Reihe ist die Solera (suelo = span. Boden). Aus ihr wird das fertige Produkt entnommen und abgefüllt, und zwar maximal ein Drittel des Faßinhalts. Diese Menge wird durch Essig aus einem Faß der darüberliegenden Reihe kompensiert. Aus der obersten Reihe fließt die entsprechende Menge in die zweite Reihe. Mit dem frisch vergorenen Essig, der añada, füllt man schließlich die obersten Fässer auf. Diese añada, also der Heurige, wird zuvor in Fässer gefüllt und wartet dort, bis er für die Solera gebraucht wird oder als Abrundung zum bereits fertig gereiften Vinagre de Jerez gemischt wird. Die Faßreihe über der Solera bezeichnet man als erste Criadera, jene darüber als die zweite. Der Kellermeister zeichnet am ersten Faß der Reihe mit Kreide an, wann und wohin umgezogen wurde.

Das Solera-System garantiert am Ende ein Produkt, das sehr homogen ist und dessen einzelne Jahrgänge sich kaum voneinander unterscheiden. Man kann also beim Kauf einer Marke von einem gleichbleibenden Geschmackstypus ausgehen, der trotz unterschiedlicher Ernten nur unwesentlich variiert – umso mehr, als guter Vinagre de Jerez im Laufe seiner Reifung nicht nur drei, sondern bis zu sieben Criaderas durchläuft. Das sorgt für eine optimale Durchmischung der Essige aus den verschiedenen Fässern. Denn auch jedes Faß hat seine spezifischen Eigenschaften, bedingt durch die unterschiedliche Qualität des Holzes, des verschiedenen Alters, aber auch des unterschiedlichen Mikroklimas – je nach Lage des Fasses bekommt es mehr oder weniger Hitze und Belüftung. Weil die Fässer in der Regel zuerst zur Lagerung von Sherry-Weinen verwendet wurden, bringen sie zudem gewisse aromatische Noten ein. Meist dienten sie zur Reifung von Fino. In manchen wurde aber auch Oloroso gelagert, ein wesentlich aromatischerer Wein. Durch den gezielten Einsatz solcher Fässer kann ein guter Kellermeister den Geschmack des Essigs, sozusagen des Blends, steuern. Dies ist – bis auf die Zugabe von Sherry-Wein, um den Alkoholgehalt zu Beginn der Reife auf das gewünschte Maß einzustellen – die einzige Beeinflussung des Sherry-Essigs durch den Produzenten. Vinagre de Jerez ist daher, wie die meisten nach traditionellen Verfahren hergestellten Essige, ein sehr natürliches Produkt.

Daß die Natürlichkeit auch ihre Grenzen hat und die Essigwerdung die Zugabe geeigneter Bakterien, die Temperaturkontrolle während der Gärung sowie die Steuerung der Sauerstoffzufuhr erfordert, versteht sich von selbst. Nur Marketingleute wie etwa jene von Domecq wollen den verblüfften – und oft genug wahrscheinlich auch faszinierten – Kunden weismachen, daß Essig in ihren Hallen auch heute noch auf ganz natürliche Art und Weise, sozusagen durch Gottes Hand, entsteht. Man rolle hin und wieder ein fünf bis sechs Jahre altes Faß voll Fino in die Essig-Bodega, wo es ohne jedes Zutun zu Essig werde. Dies ist zwar bei den heißen andalusischen Sommern in Einzelfällen vorstellbar, aber nicht für einen der größten Essig-Erzeuger in Jerez, außerdem wäre dabei die Gefahr einer Fehlgärung viel zu groß.

Die saure Macht

Die spanische Essigproduktion beträgt 550.000 Hektoliter pro Jahr und ist damit höher als die jedes anderen Landes der Erde. Im Jahr 1998 wurden 4,740.000 Liter in die EU exportiert, 72,3 % davon waren Weinessig. Hauptabnehmer sind Großbritannien (40,8%), Frankreich (38,4%), Schweden und Deutschland (5,4%). Die exportstärksten Unternehmen: Cile, Juan Ramón Sabater, Vinagrerías del Penedés, Vinagrerías Riojanas und Vinagres y Salsas. Rund 30 Kellereien erzeugen Sherry-Essig. 30.000 Hektoliter beträgt die jährliche Abfüllmenge.
Die bedeutendsten Hersteller von Vinagre de Jerez: Lustau, Exportadores de Vinagres Reunidos, Videsan, Vinagres de Yema, Vinagres Sur de España.

Consejo Regulador – Kontrolle muß sein

Überprüft wird die Produktion von Sherry-Essig vom Consejo Regulador, einer traditionsreichen Einrichtung mit eingeschränktem Wirkungsbereich – seit Jahren ist etwa die Rede davon, daß man konsequenter gegen Fälscher vorgehen sollte, denn es ist offensichtlich, daß mehr Vinagre de Jerez am Markt ist, als es der Produktionskapazität der Region entspricht. Vielleicht wird sich das künftig ändern, denn der Consejo, der bisher für Wein zuständig war, übernimmt jetzt auch die Agenden des Essigs. Damit prüft er sowohl Ein- wie Ausgänge in den Betrieben sowie die qualitative Eignung aller für den Markt freigegebenen Essige. Dies geschieht in der gleichen Weise, wie es beim Wein üblich ist, denn der Vinagre de Jerez ist ebenfalls eine DO (Denominaciones de Origen Jerez-Xérès-Sherry y Manzanilla-Sanlúcar de Barrameda), eine kontrollierte Ursprungsbezeichnung. Damit ist seit 1993 bestimmt, daß der Grundwein nur aus dem genau abgegrenzten Dreieck zwischen Sanlúcar de Barrameda, Jerez de la Frontera und El Puerto de Santa María stammen darf, das eine Rebfläche von 11.000 Hektar umfaßt. Wer in dieser Region keine Produktionsstätte besitzt oder nicht hier abfüllen läßt, darf seinen Essig ebenfalls nicht Vinagre de Jerez nennen. Der Consejo schreibt weiters eine Mindestsäure von 7 % vor und einen maximalen Restalkohol von 3 %. Bezüglich der Reife unterscheidet man zwei Typen: „Vinagre de Jerez" (auch Crianza genannt) mit einer Mindestlagerzeit in der Solera von sechs Monaten sowie den „Vinagre de Jerez Reserva" mit 24monatiger Reifung.

Jerez – das maurische Spanien

Don Ferdinando fährt zurück mit uns in die Stadt, vorbei an kaum besiedeltem Gebiet. Über lange Strecken begegnen wir einsamen Hügeln mit riesigen Äckern, nur alle paar Kilometer sehen wir eine Finca, einen Bauernhof. Dann wieder Rebflächen, soweit das Auge reicht. Schließlich Jerez, eine stolze Stadt mit 180.000 Einwohnern, ca. 100 Kilometer südlich von Sevilla gelegen und keine 20 Kilometer vom Meer entfernt, von Cádiz, der Provinzhauptstadt, und von Sanlúcar de Barrameda, das berühmt für den Manzanilla ist,

Cadiz – Hafenstadt, Provinzhauptstadt und Schnittpunkt zweier Kulturen

einen speziell gelagerten Sherry-Wein, der nur im dortigen Küstenklima entstehen kann.

Jerez de la Frontera und viele benachbarte Orte haben ihren Beinamen Frontera (span. für Grenze) von der lange Zeit hier verlaufenden Grenze zwischen dem christlichen Königreich und den Mauren, die sich über 500 Jahre lang hielten. Die Einflüsse jener Zeit sind noch allgegenwärtig und nicht nur architektonischer Art, obwohl dies der offensichtlichste Beweis ist. Viele Worte, die mit der Silbe Al beginnen, verweisen ebenfalls auf die maurische Herrschaft – dazu gehören etwa auch Alhambra oder Alkohol.

Bodegas – heilige Hallen

Das prägendste Element der Stadt sind die vielen Bodegas. Ganze Straßenzüge kennen nichts anderes als Lagerhallen für Sherry. Die größte dieser Bodegas ist die Mezquita

Vinagres de Yema – Faß:

1. leicht aldehydig; jung, eckig, aggressiv
2. Säure immer noch sehr vordergründig
3. dunkles Karamel; starker Essigethylester
4. Beginn der Export-Qualität; starke Veresterung; trotz hoher Säure relativ rund
5. „Claudia Schiffer des Vinagre de Jerez" (Don Terry): eigenwillige Verbindung aus gealterter, gereifter Note, starker Hefe und sehr deutlichem Holz
6. ganz helles Gelb; erinnert an Champager-Weinessig
7. eineinhalb Jahre älter, wesentlich dunkler; etwas malzig; verliert Weinessigcharakter
8. sehr verhalten, elegant, intensiv rauchig, wenig Ester; relativ mild, Finocharakter
9. 20 Jahre Solera, ca. 10 %: erstaunlich mild und ausgewogen
10. Gran Reserva, ungefiltert, 11 %: intensive Aldehydnote (im positiven Sinn); feine Haselnußwürze, deutlich karamelig-süß, erinnert an Malzessig

- Vinagres de Yema, Gran Reserva 1923, 9 %
Gereifte, dennoch feine, typische Nase, herb-bittrig; komplex und lang am Gaumen – gereifte Variante eines authentischen Sherry-Essigs.
- De Choix Spanish Vinegar Reserve, Domecq, 7 %
Ausgeprägt aldehydig; neutral am Gaumen.
- Domecq Reserve, 9 %
Weinig und sauber in der Nase, etwas gemüsig-säuerlich; typische Art am

Gaumen – noch jugendlich, aber schon harmonischer Sherry-Essig.

- Vinagre de Jerez Reserva, Domecq, 10 %
  Gestylt, geschönt, glatt.
- Reserva, Vinagre del Sur, 7 %
  Gebietstypisch aldehydige Note, nussig-würzige Aromatik; zeigt relativ viel Charakter – Klassiker trotz jugendlicher Rasse.
- Faßprobe Añada, Vinagre del Sur, 8 %
  Noch wenig Holzaromen und deutlicher Aldehydton, jung und kantig.
- Sherry Wine Vinegar, Lustau
  Saubere Machart, neutral; etwas grün, säurig.
- Reserva, Vinagre de Yema 2000, Lustau, 8 %
  Typische, leicht aldehydige Nase, ledrig-herbe Noten, etwas Karamel; sehr ausgewogen und komplex mit feinen, karmelig-nussigen Aromen – ein ausgesprochen eleganter Sherry-Essig.
- 1/24, Lustau
  Vordergründig, teeig-rauchig-nussig; morbid und ausgezehrt, sauer.
- Reserva 25 años, Paez e Morilla, 8 %
  Schöne Balance, nussig-würzig, etwas Maggi; harmonisch und ausgewogen – animierender, lebendiger Typus.
- Vinagre de Manzanilla, Gran Reserva de 20 años, Herederos de Argüeso, Sanlúcar de Barrameda, 9 %
  Frischer, nussig-gemüsiger Touch, süß-saure Aromen von Malz und Kaffee; grün-nussig, malzig-blumig, etwas Rasse – spannender, pikanter Vertreter mit feiner Holznote.

Manche Fässer haben sieben Leben und halten den Essig noch, selbst wenn man ihnen das rein äußerlich nicht mehr zutrauen würde

(= Moschee) von Domecq, ein schier endloses Gebäude mit stilisierten maurischen Bögen, ein Bau aus den 70er Jahren. In ihr liegen 40.000 Fässer, jeweils gefüllt mit 500 Litern Sherry – macht insgesamt 20 Millionen Liter Wein. Das verdeutlicht ein wenig, daß dieses Reifungssystem nicht nur sehr kapitalintensiv ist, sondern auch Vorteile hat, wie Juan Diaz Vega, der Geschäftsführer von José Paez Morilla y Hermanos erklärt: „Wenn der Verkauf nicht so gut läuft, reift der Essig eben länger in den Fässern." Und in einem kontemplativen Nachsatz – vielleicht war er auch nur marketingmotiviert –: „Es geht uns dabei um das Spiel des Windes und des Lichts." Tatsächlich sind viele der Hallen architektonische Juwele. Man kann sogar zwei Stilrichtungen unterscheiden, jene, deren Dächer von einem System aus Bögen getragen werden, und jene, bei denen Säulen und Querträger diese Funktion ausüben.

Die Bodega von Don Fernando, La Sacristaia, mit der er durch Zufall die alten Essigfässer erwarb, liegt mitten im verschlun-

Die kühlen Innenhöfe mit ihren Arkaden sind das Refugium des andalusischen Familienlebens

genen Gassengewirr der Altstadt. Der Zutritt ist ganz schmal, und innen ist es kühl. Kaum Licht fällt durch die wenigen kleinen Fenster herein. Bis zum First sind es sicherlich zwölf Meter. In diesen Bodegas ist es auch im Sommer, wenn es draußen im Monatsdurchschnitt 35 Grad hat, nicht sehr heiß, dafür sorgen die ausgeklügelten Lüftungssysteme und der ockerfarbene Sandboden. Er heißt Albero, wirkt sehr kompakt und ist eigentlich gar kein Sand. Im Sommer wird er täglich besprengt, um die Bodegas zu kühlen und die Verdunstung des Essigs zu verhindern. Man begegnet dem Albero übrigens auch auf Gehsteigen und in der Stierkampfarena.

Daß solche alten Bodegas durchaus noch zur Essigreifung genutzt werden, bestätigt uns auch Jane Ward, die PR-Dame von Lustau, einem feinen Sherry-Haus. In einem der Keller dort gibt es einen schönen bogenförmigen Durchbruch in eine andere Bodega. Daß es sich dabei um eine nachträglich gebrochene Öffnung durch die alte maurische Stadtmauer handelt, verdeutlicht, wie eng verschachtelt hier manche Betriebsanlagen sind und wie schwer es unter solchen Verhältnissen ist, Denkmalschutz und Betriebswirtschaft unter einen Hut zu bringen. Unter solchen Bedingungen verlagern viele Produzenten zumindest die erste Phase der Essigherstellung in Vororte. Denn zumindest zweimal im Jahr sollte der große Tankwagen ungehindert vorfahren können, für die Anlieferung des frischen Weins sowie für den Transport des fertigen Essigs zur Abfüllanlage – bis in die 80er wurde Sherry-Essig sogar noch in Fässern verschifft.

Wie der Sherry sauer wird

Die wenigsten Essighersteller erzeugen den Grundwein selbst. Sie kaufen fertig vergorenen Wein mit um die 11 % Alkohol zu. Er ist stets aus der Palominotraube gekeltert, der verbreitetsten Sorte der Region. Sie wird auch für die Bereitung der meisten Sherry-Weintypen eingesetzt. Manche Produzenten kaufen sogar schon den veressigten oder umgekippten Wein zu – nach eingehender Prüfung von pH-Wert, Schwefel, Trockenextrakt und flüchtigen Bestandteilen. Nach einer ersten Kieselgurfilterung folgt die Vergärung des Weins zu Essig. Dies geschieht meist mit modernen Acetatoren, bei Vinagres de Yema allerdings werden Spezialitäten noch nach dem Orléans-Verfahren erzeugt.

Selbst in heißen Sommern herrscht in den Bodegas ein ausgeglichenes kühles Klima

Die Vergärung des Grundweins zu Essig vollzieht sich in der Zeit von Februar bis Juni. Im ersten Acetator entstehen 5 % Säure bei kontrollierter Temperatur von 28 bis 30 Grad. Im zweiten wird der Säuregehalt von 5 auf 8 bis 8,5 % gesteigert. Bei Vinagre del Sur etwa können in zwei Acetatoren mit ca. drei Meter Durchmesser und fünf Meter Höhe täglich 7000 Liter Wein veressigt werden. Bei der weiteren Lagerung werden durch die Umwandlung des Restalkohols in Säure sowie durch die Verringerung des Wassergehalts durch Verdunstung am Ende der Reifung bis zu 11 % Säure erreicht.

In der ersten Phase wird der Essig trocken vergoren, hat daher wenig Restalkohol. Je geringer der Alkoholgehalt, desto rascher erfolgt die Umwandlung in Säure. Danach wird der Alkohol durch Zugabe von reifem Sherry auf ca. 3 % eingestellt. Die verschiedenen Essigfarben entstehen also durch die Beigabe unterschiedlicher Typen von Sherry-Wein –

Der Torero der Bodega

Ein Kellerarbeiter des Don klettert behende auf die Faßreihen, um Proben aus der obersten Criadera zu holen. Mit der Venencia – einem schlanken Becher, der an einer Rute befestigt ist – fährt er tief ins Spundloch, entnimmt den Essig und gießt ihn mit einer eleganten, beinahe stolzen Bewegung ins Glas. Zusammen mit dem Flair der alten Bodega und dem Wissen, daß manche dieser Fässer auf die Hundert zugehen, stellt sich so etwas wie Ergriffenheit ein.

Teil der Essigprüfung im Consejo ist übrigens die Analyse der Farbe nach Glanz, Intensität und Farbschattierung. Je höher allerdings der Restalkohol, um so größer die Gefahr, daß sich Ethylacetat bildet. Dieses entwickelt sich, wenn Sauerstoff und Alkohol miteinander reagieren, und wird in der Nase als stechend wahrgenommen – man sagt aufgrund der Ähnlichkeit auch UHU-Ton dazu. Paradoxerweise konnten wir bei den Faßproben aber feststellen, daß Essige, die aus der obersten Criadera noch stark nach Veresterung rochen, diese Note in den folgenden Jahren abbauten. Die Meinungen darüber, ob dieser Ton nun zum Sherry gehöre, wie die Franzosen allgemein finden, oder ob es sich dabei um einen Fehler handle, wie die meisten deutschsprachigen Konsumenten es sehen, gehen jedenfalls konträr auseinander. Bei Vinagres de Yema beugt man Enttäuschungen vor, indem man an Interessenten jeweils unterschiedliche Muster schickt.

Vor der Abfüllung wird der Essig bei Vinagres de Yema noch dreimal gefiltert, dann auf 60 Grad erhitzt und warm abgefüllt – die vorhandenen Mikroorganismen wären zwar unschädlich, werden aber vom Handel nicht akzeptiert. Wie lange ein Sherry-Essig bis zu diesem Zeitpunkt in der Solera lag und unter welchen Umständen er reifte, ist sehr unterschiedlich. Die Vorgaben des Consejo geben ja eigentlich nur einen Mindeststandard an. Darüber hinaus aber ist vieles möglich, und Leute wie Don Fernando, die den Vinagre de Jerez von seinem unwürdigen Schicksal als Mitläufer erlösen, gibt es auch immer mehr. Daher noch ein letztes Zitat des Don: „Cleopatra hat ihre Perlen in Essig aufgelöst und getrunken, um den Luxus auch in sich zu spüren."

Essigmacher im deutschsprachigen Raum

Alois Gölles – die steirische Fruchtessigoffensive

Alois Gölles in seinem neuen Allerheiligsten, einem stilvoll in den Hügel gebauten Barriquekeller. 1400 kleine Eichenfässer, die teils noch der Befüllung durch jeweils 225 Liter Essig harren. In diesen Holzgebinden kann das Sauer seine Kanten ablegen und die Aromen des leicht „angetoasteten" Holzes annehmen. Ein Vorgang, den Alois Gölles gerne auch für sich selbst beansprucht und daher stets eines bei sich trägt, eine gute Zigarre – eine Cohiba, eine Partagas oder eine andere, bei der Raucher ins Schwärmen geraten. Der Herr der Essige lehnt mit seinem adretten Ledermäntelchen genüßlich an einer der Faßreihen, schmaucht sein ganz individuelles, kubanisches Toasting und schwärmt von den Freßtempeln der Welt, von Hummer & Co. und von Weinen, die seine bubenhaften Augen zum Leuchten bringen. Ein echter Bonvivant erzählt da, einer, der weiß, daß – im Moment – gerade das Zigarrenrauchen in ist, einer, der nur für den Genuß lebt.

In der unmittelbaren Nähe der weithin sichtbaren Riegersburg ist das Domizil von Alois Gölles

Falsch! Alois Gölles ist gewiß kein Kostverächter, aber weit wichtiger als das Genießerische ist ihm der professionelle Hintergrund, die Suche nach kulinarischen Trends, die Bekanntschaft mit Leuten, die auch ein Herz haben für die Kulinarik und nicht nur den Status suchen. Und natürlich ist Alois Gölles auch ein begabter Selbstvermarkter, der weiß, an welchen Orten er ganz zufällig aufzutauchen hat und wo er Leute mit ähnlicher Produktphilosophie findet. Zigarrenraucher ist er übrigens, anders als viele Aficionados, schon beinahe 20 Jahre lang.

Der umtriebige Steirer ist einer der kulinarischen Vordenker in Österreich und einer der erfolgreichsten Exporteure von Feinschmeckerware. Er gehörte zu den ersten, die sich mit hochwertigen Destillaten durchsetzten. Damit hat er auch seinen guten Ruf bei vielen Gourmets begründet. Der Vogelbeerbrand ist legendär, und wie es ihm gelang, die Zwetschke vom Sliwowitz-Image zu befreien, hat auch Stil – die im

Den richtigen Riecher muß man haben

Holzfaß gereifte Alte Zwetschke ist seit vielen Jahren ein Renner. 1995 gelang ihm ein weiterer Coup mit einem Brand aus Trockenbeerentrester von Alois Kracher, dem österreichischen Weinmacher schlechthin. Es entstand ein Monolith von einem Schnaps: sehr komplex, sehr morbid und sehr fordernd, doch trotz des hohen Alkohols – wie bei allen Bränden aus Riegersburg – sehr harmonisch und extraktreich. Die Connaisseurs waren angetan, also wurde 1999 ein Schäuferl nachgelegt – eine Serie regelrechter Crus aus Trester, von F. X. Pichler, Manfred Thement und abermals Kracher, also der Crème de la Crème der heimischen Winzerszene. Italienische Grappe, die mit diesen Trestern mithalten können, sind sogar für einen Tischler an einer Hand abzuzählen.

Im Windschatten dieser Top-Produkte verkauft Alois Gölles auch seine anderen Gourmandisen bestens, wobei er nie ins Elitäre abdriftet und immer auch Herz für seine steirische Heimat bewiesen hat. In seiner Palette findet man etwa Dirndlbrand, bekannter unter dem Namen Kornelkirsche, die für die Steiermark typisch ist. Und natürlich darf auch das Kürbiskernöl nicht im Programm fehlen, für das dieses Bundesland berühmt ist – in diesem Fall zwar nur Handelsware, doch wo Gölles draufsteht, darf man getrost zugreifen.

Das Glück ist ein Vogerl

In seiner Rolle als Essigproduzent ist Alois Gölles seiner Vorreiterfunktion treu geblieben und zeichnet sich auch in dieser Disziplin durch Ideenreichtum, geschmacklichen Spürsinn und Gefühl für Trendiges wie Traditionelles aus. Seine Gewohnheit, genau und unvoreingenommen zu beobachten, was andere Produzenten wie machen, hat ihm auch beim Essig geholfen. Mehrere Reisen führten den unentwegten Wandersmann etwa nach Modena, um dort dem Geheimnis des Balsams auf die Spur zu kommen. Und weil die Steiermark das Land der Äpfel ist – als „frisch, saftig, steirisch" werden diese auch überall angepriesen –, kam Alois Gölles bald auf den Gedanken, daß sich zur Erzeugung von Balsamessig nicht nur Trauben eignen, sondern eben auch steirische Äpfel. Und die wuchsen schließlich auf seinen Wiesen und in Nachbars Garten. Also begann er, nach dem Vorbild aus Modena, Apfelsaft einzudicken und

Alois Gölles, der Indiana Jones der Essigwelt – stets auf der Spur der letzten Geheimnisse

anschließend in Holzfässern zu vergären und zu reifen. Nicht immer mit dem gleichen Erfolg, doch gibt es Jahrgänge wie 1988 und 1992, aus denen mittlerweile große Essige geworden sind.

Lehrgeld mußte bei diesem Quereinstieg in einen neuen Markt natürlich auch bezahlt werden: Die schönen Holzfässer für den Balsamessig, die Alois Gölles im Bewahren heimischer Tradition aus Birnen- und Apfelholz anfertigen ließ – mit dem für den Balsamico üblichen viereckigen Deckel – sind heute nicht mehr ganz dicht. Den Leuten in Modena wäre das

vermutlich nicht passiert, denn die wissen, daß Balsamico durch die allmählich fast völlige Verdunstung des Wassers das Holz mit der Zeit regelrecht austrocknet – also verwendet man vorwiegend Harthölzer. Immerhin aber ist mit dem Apfelbalsam ein großer Wurf gelungen, ein eigenständiges Produkt, das sich herzeigen läßt.

Das Glück ist bekanntlich ein Vogerl, und das ist Alois Gölles nicht von selbst zugeflogen. Auf ihn trifft das andere Sprichwort zu, jenes vom Glück des Tüchtigen. Der Großvater noch mühte sich auf Wiesen ab, die zu steil und zu wenig geeignet waren für den Ackerbau, aber er war, was er sein wollte – selbständig. Der Vater sah die Chance im Obstbau und pflanzte Bäume an, noch bevor andere dies in großem Stil taten. Alois Gölles ging dann noch einen Schritt weiter und begann die Früchte der Bäume zu veredeln, indem er sie destillierte oder eben zu Essig machte.

Angefangen hat er bescheiden, und sowohl die Schnapsproduktion wie auch die Essiganlagen hat er peu à peu über

„Nicht nur Balsam braucht Geduld", meint Alois Gölles, „aber speziell dieser. Wenn man den Most stark einkocht, um Zeit zu sparen, ist man gleich auf der Süße, doch dann wirkt der Balsam sperrig. Anders ist es, wenn man die Konzentration erst durch lange Lagerung bewirkt, dann erhält man ein weit harmonischeres Produkt."

seine Tätigkeit als Berater beim Bau von Destillations- und Obstverwertungsanlagen finanziert. Auf diese Weise war er nie davon abhängig, seine Produkte sofort veräußern zu müssen, um damit die Einkäufe für die nächste Saison zu finanzieren – und das hat einen riesigen Vorteil bei der Erzeugung von Lebensmitteln: Man kann ihnen die Zeit geben, die sie zum Reifen benötigen!

Geheimnisvolle technische Tüfteleien

Das Wissen und die Erfahrung, die Alois Gölles durch seine Ausbildung als Gärungsfachmann und auf oftmaligen Reisen als technischer Berater in ganz Europa und weiten Teilen Rußlands gesammelt hat, geben ihm heute den Rückhalt, auch mutige Projekte wie die Erzeugung von Fruchtessigen zu bewältigen. Schon bei der Art zu destillieren folgte Alois Gölles seiner Intuition und nicht irgendwelchen Trends. Während andere auf die sich rasch entwickelnde Technologie der Kolonnenbrennerei umstiegen, die den Brennvorgang einfacher zu machen schien, blieb er beim Rauh- und Feinbrandverfahren und bei der Überzeugung, daß „ein Schnaps ein Schnaps sein müsse und kein Fruchtwasser" – gemeint sind damit eine gewisse Stärke im Alkohol, denn dieser ist ein maßgeblicher Träger von Aromen, sowie der Gehalt an Extrakt und das Potential zu langer Lagerung.

Auch beim Essig hat Alois Gölles seine eigenen Vorstellungen. Begonnen hat er 1982 mit der Vergärung in großen Pfannen, in denen er nach dem Orléansverfahren veressigte, also mittels Oberflächengärung. Davon kam er relativ rasch wieder ab, „weil sich der Essig dabei leicht in eine schlecht kontrollierbare Richtung entwickeln kann und der Prozeß insgesamt sehr langwierig ist". Also entwickelte er seine eigene Technik. Wie diese funktioniert, weiß vermutlich nur er selbst, denn die Räumlichkeiten mit der Essiganlage sind absolutes Tabu – nicht einmal den Autoren dieses Buches wollte er einen Blick gewähren. Man kann aber davon ausgehen, daß es sich um ein submerses Verfahren handelt, mit dem praktisch alle guten Fruchtessigerzeuger arbeiten.

Das Mißtrauen mag übertrieben wirken, unverständlich ist es nicht. Zu oft hat Alois Gölles erfahren, daß eine gute Idee recht lange zur Durchsetzung braucht, dann aber von

Nachahmern umso schneller kopiert wird. Bei seinem natürlichen Trieb zur Innovation wäre er dadurch vermutlich nie existentiell gefährdet, doch Vorsicht ist die Mutter des sauren Erfolgs. Wahrscheinlich lehrte Alois Gölles auch seine eigene Neugier, daß Großherzigkeit ihre Grenzen hat. „Meine Produkte sind mit etwas Geschick leicht imitierbar, also bin ich vorsichtig und versuche außerdem, meinen Namen als Marke aufzubauen."

Schließlich fiel dem unermüdlichen Grübler Gölles auch beim Essig noch etwas Besonderes ein, und er entwickelte eine Linie mit feinen Fruchtessigen, die ausschließlich aus vergorenen Früchten gemacht sind. Ganz neu war das zwar nicht, aber eine große Leistung allemal. Wie nämlich sollte man den teuren Essig vermarkten, den Köchen, die nun jahrelang die Rezepte der Nouvelle Cuisine studiert hatten, erklären, daß der darin empfohlene Himbeeressig in der Regel kein Produkt ersten Ranges war, sondern bestenfalls ein geschickter Aufputz, weil es sich fast ausschließlich um Ansatzessige auf Basis von Weinessig handelte? Und warum plötzlich soviel mehr dafür ausgeben?

„Macht an schlanken Fuß"

Nach nicht allzu langer Zeit aber fand man diese Essige immer öfter in Gourmet-Magazinen abgebildet und in rascher Folge auch auf Restauranttischen, bei Hobby-Gourmets und schließlich im guten Fachhandel. Neben dem Himbeeressig bietet Alois Gölles einen Brombeeressig, einen Pfirsichessig,

Verkostnotizen

- Mostobstessig, Apfel- und Birne im Eichenfaß gelagert, 5 %
Typisch weich-obstige Nase, apfelbetont, gut eingebundenes Holz; pikant und frisch mit harmonischer Säure, dicht und lang – in seiner Art sehr gelungener Alleskönner.
> Salate, besonders zu Blattsalaten, Kartoffel- und Krautsalat, auch zum Abschmecken bodenständiger Gerichte (z.B. Innereien)

- Birne, 5 % Säure
Charakteristische Birnenaromen mit herbschaligen Noten; rassig, dicht und lang anhaltend – eigenständiger, etwas herb-rustikaler Typ.
> für rustikale Speisen mit süßlichem Touch und zum Ablöschen von Braten (Schwein, Ente etc.)

- Pfirsich, 5 %
Liebliche Süße, fleischig; karamelig, exotisch; süß-saure Pikanz, mit zarter Herbe – sehr eleganter, kraftvoller Fruchtessig.
> vielseitig verwendbar, besonders für exotische Gerichte mit süß-sauren Noten (auch eine italienische Peperonata)

- Marille, 5 %
Zurückhaltend, aber mit feiner Frucht; typischer Steinobst-Charakter mit eleganter Fruchtsüße – ein Riesling unter den Essigen.
> zu exotischen Früchten, zu Spargel als Vinaigrette

- Bieressig, 5 %
Diskretes, feines Bukett, rauchig-würzig; malzig-gemüsig, dicht, rund mit schön verwobener Säure.
> sehr vielseitig, ein moderner Essig für klassische Gerichte

- Kirsche, 5 %
Steinton-Charakteristik, dezente, säuerliche, schlanke Frucht;

Fruchtsüße mit Anklängen von Zwetschke – ein eigenständiger, sortentypischer Essig.
> zu gebratenen Gänsen, Enten, Wildgeflügel und zu fernöstlichen Gerichten

- Himbeere, 5 %
Dichte, klar definierte Frucht; ausdrucksstark und reif – ein großer, weicher und extraktreicher Typ.
> zu Innereien (Hirn, Bries, Leber etc.), Gänseleber, Salaten

- Weinessig Grüner Veltliner, 5 %
Neutral weinig mit feiner Holznote; am Gaumen reintönig mit etwas rustikalem Charakter – klassischer, spritziger Weinessig.
> vielseitiger Essigtyp für die traditionelle Küche

- Schilcher, 5 %
Weinig, frisch-fruchtig; authentisch, rauchig-herb, spritziger Weinessig – Rasse mit Charme.
> ein Alleskönner, von Salaten bis zum Beizen und Abschmecken von Saucen

- Trockenbeerenauslese Balsam, 5 %
Nussig, traubig-frisch, schokoladig-würzig; kraftvolle Eleganz – noch jugendlicher Charakter mit großem Potential.
> zu rahmig-cremigen Käsen, süßlichen Früchten und Desserts, Zabaglione

- Apfelbalsam 1990, 5 %
Weiche, etwas gekochte Frucht; trotz relativ vieler Gerbstoffe recht harmonisch – kompakter, aromatischer Balsam.
> zum Abrunden deftiger Ragouts oder Innereien, auch zu Kartoffel- oder Feldsalat

- Apfelbalsam 1988, 5 %, Faßprobe
Dichte, würzige Balsam-Note; karamelige Süße mit ausgeprägter Frucht – großer Essig, der noch etwas Zeit zum letzten Schliff benötigt.

einen Marillenessig, einen Kirschessig und als Spezialität einen Schilcherweinessig an, der sich aufgrund seines fruchtig-spritzigen Charakters erstaunlich vielseitig verwenden läßt und ein kongenialer Partner zum Kürbiskernöl ist – Schilcher ist ein fast ausschließlich in der Steiermark vinifizierter Roséwein aus der traditionellen Rebsorte Blauer Wildbacher. Als ungewöhnlicher Außenseiter kam dazu noch ein Bieressig, der sich ebenfalls bemerkenswert gut einsetzen läßt.

„Unsere Essige haben nur einen kleinen Markt, weil sie relativ teuer sind. Doch es gibt kaum ein anderes Genußmittel, von dem wir so oft Gebrauch machen – so gesehen habe ich hohen Nutzen, wenn ich mir guten Essig leiste. Für gute Weine geben die Leute ja auch gut und gerne viel Geld aus", meint Alois Gölles gelassen und denkt daran, dem Essig etwas von dem Stellenwert zu verleihen, den Wein mittlerweile genießt. „Dazu brauche ich vor allem die Gastronomie als Botschafter und Vermittler. Auch beim Wein haben vor allem die Sommeliers dazu beigetragen, das Produkt in seiner Vielfalt und Qualität bekanntzumachen. Und bei Destillaten ist es kaum anders." Eigens für die Gastronomie etwa hat Alois Gölles Sprühflakons entwickeln lassen, „die allerdings schneller Füße bekommen, als wir die Dinger auf die Tische stellen können", so eine Gastronomin, die dennoch überzeugt ist von der Idee, daß der Gast den Salat selbst besprühen und somit den Essig gut dosieren kann,

ohne die großen Blätter anschließend tischfüllend wenden zu müssen.

Weil Alois Gölles aber nicht daran denkt, nur die abgehobene Welt der Feinschmecker zu beliefern, macht er auch Essige fürs Fußvolk. Seine „Classic"-Linie besteht aus Apfel- und Birnenessig sowie dem Mostessig, einer Kombination der beiden ersten und vom Typ eigentlich einer der traditionellsten Essige in Österreich. Auch dem Weinessig hat sich Alois Gölles genähert – in einer ebenfalls landestypischen Weise, indem er Weißwein aus Grünem Veltliner und Rotwein aus Blauem Zweigelt verwendet. Alle fünf Essige sind besser als das, was bislang in den meisten Regalen stand. Sie haben Charakter und Spritzigkeit, gleichzeitig aber auch Harmonie, „sie sind erschwinglich, passen perfekt zur österreichischen Küche und machen insgesamt an schlanken Fuß", wie ein gerne scherzender Alois Gölles nicht ohne Stolz meint.

Erwin Gegenbauer – „bin ein Sauerkräutler“

Es ist Samstag mittag am Wiener Naschmarkt. Eine Dame mit tiefem Dekolleté und ebenso hoher Frisur betritt den kleinen Stand mit den vielen Flaschen und meint: „Bitte, können S' mir für meinen Mann nicht einen Dreierkarton Essig zusammenstellen?" Die Dame bekommt schließlich ihre Auswahl, die gar nicht schlecht ausfällt, aber nicht etwa, weil sie soviel vom Essig verstünde, sondern weil sich gleich fachkundiges Publikum in die Beratung einmischt. Es ist gerade Hochbetrieb bei Gegenbauers. Kenner und andere geben sich die Türklinke in die Hand, um sich fürs Wochenende mit frischen Aromen zu versorgen.

Hier wird nur aus zwei Gründen eingekauft, entweder die Kunden sind Connaisseurs und suchen das Besondere – und bekommen es auch –, oder man hat den Trend der Zeit erkannt und weiß, daß auch oder speziell ein kleines Fläschchen Essig als Geschenk eine große Freundschaft erhalten kann. Was der sich geflissentlich im Hintergrund aufhaltende junge Besitzer oder besser Erbe dieses Naschmarktstandes seit Jahren vergeblich versucht hat, nämlich dem Standort eine gewisse kulinarische Reife zu verleihen, hat nun plötzlich gefruchtet. Stände mit anspruchsvollem Angebot sind immer häufiger zu sehen, und in den Gassen der Umgebung siedelt sich junge, bunte Gastronomie an. Das zieht einiges nach sich, vor allem Kaufkraft, aber auch die sogenannten Adabeis, wie man in Wien zu Leuten sagt, die keine Bühne für sich auslassen können. Dem Erwin Gegenbauer soll's recht sein, so bekommen seine Essige auch Aufmerksamkeit von unerwarteter Seite.

Eine gesuchte Anlaufstelle für Gourmets – der Gegenbauer-Stand am Wiener Naschmarkt

Früher, das heißt vor kaum zehn Jahren, war der Gegenbauer-Stand ein wenig besuchtes Aquarium für Essiggurken und Sauerkraut, dazwischen eine verloren wirkende Verkäuferin. Die beiden Glasfronten des Geschäfts waren fast bis an die Decke mit riesigen Gläsern sauren Inhalts vollgestellt. Das war immerhin von einem gewissen ästhetischen Charme, betreten hat den Laden aber kaum jemand. Heute ist das anders. Die Promis stürmen den kleinen Verkaufsraum wie die Essigfliegen den Most. An den zwei Batterien mit kleinen Fäßchen, die vor dem Stand aufgebaut sind, beginnt so manche Liebe zum sauren Milieu.

Der Naschmarkt als Marktforschungsbarometer

Das saure Milieu – so bezeichnen die Hersteller von Essiggurken, Sauerkraut und eingelegten Pfefferoni ihre eigene Branche. Und ebenfalls ganz im Jargon seiner Kollegen nennt Erwin Gegenbauer sich einen „Sauerkräutler". Seine Wurzeln reichen über Generationen ins Sauer. Die Eltern brachten es damit immerhin zu einigem Wohlstand. Man besaß eine Fabrik im zehnten Wiener Gemeindebezirk und mehrere ausgelagerte Produktionsstätten, sogar in Tschechien und Deutschland. Mit der Allmacht der Supermärkte aber sank auch die Existenzberechtigung der Sauerkräutler. Ihre Produkte waren austauschbar und sie selbst dadurch leicht unter Preisdruck zu setzen.

„Diesem täglichen Kampf um die Regalplätze, von denen man schließlich kaum leben kann, wollte ich mich nicht länger ausliefern. Außerdem habe ich schon bei meinen Eltern erlebt, wie wenig von soviel Arbeit übrigbleiben kann", meint ein nachdenklicher Erwin Gegenbauer in seinem recht patinierten, dunklen Büro am Stammsitz des Sauerkrautimperiums. „Es folgte also der komplette Umstieg. Zweigbetriebe wurden verkauft oder geschlossen, die Produktion von Standardware eingestellt. Dafür kam ein Acetator ins Haus, und damit wurde vieles anders. Der Stand am Naschmarkt blieb, denn da vertraute ich meinem Vater, der immer schon sagte, daß der unser bestes Marktforschungsbarometer sei."

Das neue Schwebegärverfahren nach dem submersen Prinzip erlaubte Erwin Gegenbauer die Erfüllung eines langgehegten Traums – die Produktion von Essigen mit reinsten, natür-

Markante Flaschen mit ebensolchem Inhalt

Von der Starterkultur mit speziell gezüchteten Bakterien bis zur Endkontrolle des fertigen Essigs überläßt Erwin Gegenbauer nichts dem Zufall

lichen Aromen. Damit könnte er den Köchen eine Palette sehr eigenständig riechender und schmeckender „Würzmittel" an die Hand geben. Der junge Essigbrauer – er nennt seine Firma übrigens „Wiener Essig Brauerei" – weiß, wovon er spricht, denn er ist ein ausgewiesener Feinschmecker und obendrein ein ebensolcher Koch. „Die Leute", so erklärt er, „haben verlernt, die ursprünglichen Aromen zu schmecken. Bei mir bekommen sie die Gelegenheit dazu. In diesem Sinne verstehe ich mich als Mittler zweier Welten aus High-Tech und Tradition."

Wenn nicht gerade während der Saison appetitliche Essig- oder Senfgurken in Weckgläser gesteckt werden, fühlt man sich recht einsam in den Räumen und Hallen der alten Fabrik. Vieles wirkt, als wäre es schon lange nicht mehr benutzt. Mit einem Lastenaufzug fahren wir in den oberen Stock. Dort steht der Acetator, ein unerwartet kleines Gerät aus einem aufrechten Plexiglaszylinder, in dem es fast rund um die Uhr heftig gärt. Mit 200 Liter Fassungsvermögen ist er eher klein, hat aber den Vorteil, relativ kleine Mengen spezieller Früchte verarbeiten zu können.

Erwin Gegenbauer entnimmt eine Probe und ermittelt mit einem eher antiquiert wirkenden Verfahren den genauen Alkoholgehalt, der laut EU-Gesetz nicht höher als 0,4 % sein darf. „Manche Prozeduren", erklärt er uns, „sind zwar langwierig, aber unbedingt durchzuführen. Zuviel Alkohol im Essig wäre nicht nur illegal, sondern würde später zu Veresterung und damit zu unangenehmen Nebentönen führen. Andererseits ist Alkohol ein guter Aromaträger. Man kann also schlecht ganz auf ihn verzichten."

Für einen Liter Apfelessig braucht man 2,5 Kilogramm Äpfel

Für einen Liter Johannisbeeressig braucht man 8 bis 9 Kilogramm Früchte

Für einen Liter Himbeeressig braucht man 13 bis 15 Kilogramm Himbeeren

Millionen von Mitarbeitern

Das wirkliche Interesse Erwin Gegenbauers gilt speziellen Essigbakterien – seinen Millionen Mitarbeitern, wie er scherzt. „Die unfaßliche Essigbakterie", wie er sie wegen der ständig vollzogenen Mutationen nennt, „ist wissenschaftlich so schwer zu erforschen, daß es keine ausreichenden Erkenntnisse darüber gibt und ich mich ohnehin oft genug nur auf die Empirie beschränken kann." Also hat er Wissenschaftler damit beauftragt, herauszufinden, wie er die Aromen einer Frucht am reintönigsten in den Essig befördern kann. Die Rede ist unter anderem von einer Aromen-Matrix, die manche Bakterienstämme anknabbern, während andere sich mit dem Alkohol begnügen. Für jeden Essig hält Erwin Gegenbauer daher spezielle Kulturen bereit. „Die Bakterie soll das Medium, auf das sie angesetzt ist, verstehen. Sie soll die Aromen erhalten, bei Weinessigen etwa den Weintypus und die Sorte unterstützen und bei der Trockenbeerenauslese nicht den Zucker auffressen. Außerdem züchte ich für jede Traubensorte eigene Bakterienmutationen und sogar eigene für jede Prädikatsstufe."

Was sich unter solchen Bedingungen bei Weinessigen zeigt, bezeichnet Erwin Gegenbauer als ein „Auseinanderdriften der Aromen". Damit meint er, daß sich verschiedene Traubenarten geschmacklich weniger voneinander unterscheiden, als dies bei den daraus gemachten Weinen der Fall ist. Nach der Veressigung solcher Weine seien die Unterschiede noch deutlicher schmeckbar. „Insgesamt," so glaubt er, „wird die Bedeutung der Bakterie vor allem bei der Herstellung fruchtbetonter Essige immer noch unterschätzt." Also versucht Erwin Gegenbauer, den Bakterien das Leben so angenehm wie möglich zu machen, wozu er nicht allzu viele Mittel hat, denn obwohl der Acetator ringsherum mit Schläuchen, Kabeln und Kühlschlangen behängt ist und ein Monitor permanent über die Vorgänge im sauren Kern Auskunft erteilt, kann man nur zwei Parameter beeinflussen: Temperatur und Sauerstoffzufuhr – letztere ist allerdings

Verkostnotizen

- Golden Delicious naturtrüb, 5 %
Dezente, fruchtig-blumige Aromatik, frisch und süß; elegante Säure, animierend gelb-grüne Frucht – insgesamt leichtgewichtig, aber charaktervoll und lang.
> zu Gänseleber, Innereien, hellem Fleisch, Sommersalaten

- Gurke, 5 %
Typische, intensiv-gemüsige, etwas erdige Aromatik; komplex, mit schöner Balance – ein sanfter Riese.
> zu Gemüsegerichten

- Hagebutte, 5 %
Eigenwillig, tiefe Würze aus Soja-Maggi-Balsamico-Aromen; konzentriert, wild-aromatisch – balsamisch, kraftvoll und feingliedrig zugleich.
> zu Wildgerichten, auch zu Desserts mit Nüssen

- Schlehe, 5 %
Feingliedrig, wild, steinbetont; süßlich herb – fast unzugänglich streng, aber mit großem Charakter.
> perfekt zu Wildgerichten

- Vogelbeere, 5 %
Rauchig, kräuterwürzig, wildfruchtig; zeigt deutlich bittere Aromen – fordernder Individualist.
> zu ganz dunklen Saucen und Wild

- Johannisbeere, 5 %
Frische, typische Johannisbeerfrucht; säuerlich-pikant, mit feinem Schoko-Säure-Spiel – transparenter, subtiler Typ.
> zu Fruchtdesserts mit Schokolade

- Holunder, 6 %
Konzentriert im Duft, rot-fruchtig-vegetal (Beeren und Rote Rüben); dicht und dunkelwürzig – wild-charmanter, kompakter Draufgänger.
> schönes Gegenstück zu Sekt mit Restsüße, sonst zu Beerenkoch, Wildleber, Wild

- Himbeere, 5 %
Im Duft zurückhaltende Frucht; schlank mit zarter Fruchtsüße – tolle

Himbeere mit Understatement.
> zu Innereien (Hirn, Bries, Leber etc.), Gänseleber, Salaten

- Paprika, 5 %
  Schotig, würzig, sortentypisch; schöne Pikanz – ein wunderbar fruchttypischer, nuancenreicher Essig.
  > zu gegrilltem Fisch, Pilzen, Lamm

- Zierfandler, 5 %
  Traubig-floral und weinig; typisch, mit pikanter Säure – dichter und charmant-cremiger Essig.
  > zu Salaten, auch deftigeren Varianten (Kartoffeln, Bohnen etc.), auch zu Gemüsesuppen und Linsen

- Chardonnay Wieninger, 5 %
  Dicht und füllig in den Aromen; konsequent am Gaumen – animierend und keck, mit Fülle und Dichte.
  > Saucen für Fisch und Huhn, sehr vielseitig und anpassungsfähig

- Blauer Portugieser Spätlese, 5 %
  Üppig und delikat, Dörrfrucht-Aromatik, getrocknete Tomaten und Rosinen; nussig-extraktreiche Süße mit präsenter Säure – sehr komplexe, warme Essenz.
  > zu allen Arten von Salaten, insgesamt sehr anpassungsfähig

- Pfirsich Balsam, 5 %
  Charakteristischer Fruchttyp, cremig-süß; gute, füllige Struktur – sehr gut ausgewogener, fruchtsüßer Balsam.
  > Spargel, Mango und andere exotische Früchte

- Pflaume Balsam, 5 %
  Vollaromatische Pflaume; dicht, lang anhaltend mit pikanter Süße – voluminöser Balsam mit Nougat-Schoko-Würze.
  > Ente, Burgunderbraten, gedünsteter Fisch, Brie oder Frischkäse.

- P. X., 3 % (Edelsauer)
  Süßlich-weiche Aromen, Trockenfrucht und südliche Überreife; süßlich-bittere Eleganz ohne letztes Finish – formidabler Außenseiter.
  > zu Süßspeisen, Vanilleeis, insgesamt vielseitig, auch als Aperitif

Kein Riese, aber verläßlicher Lieferant für reintönige Fruchtnoten im Essig – der Acetator

essentiell für die Bakterien, denn länger als einige Sekunden Ausfall überleben die kapriziösen Geschöpfe nicht.

Mit dem Lastenaufzug geht es ganz hinauf, auf das Dach. In dieser absolut urbanen Umgebung, von wo der Blick ringsherum auf graue Hauswände oder Dächer fällt, bietet sich ein bizarres Bild: In einer Reihe feiner Barriquefässer reifen die Balsamessige heran. Eine spezielle Beschichtung verhindert das Eindringen von Regenwasser ins Holz, doch ansonsten sind die Fässer Wind und Regen ausgesetzt. Für die Balsamerzeugung kocht Erwin Gegenbauer den sogenannten Muttersaft – den Saft des Ausgangsmaterials – zu einem zuckerhaltigen Konzentrat ein, wobei die flüchtigen Aromen, also die blumigen Noten und auch viele andere, verlorengehen. Dieser Sirup ist nur schwer in Gärung zu bringen, weshalb spezielle Hefen eingesetzt werden. Bei Weinbalsam ist ein Traubenmost von mindestens Auslesegraden notwendig. Die Hefen vergären bis etwa 6 bis 7 % Alkohol, was nach der Veressigung auch etwa dem Säuregrad entspricht.

Glasballons voller reinster Aromen

Nach der Verkostung einiger Proben in diesem seltsamen Ambiente besteigen wir abermals den alten Lift, in dem die Glühlampe ausgefallen ist, und fahren in den Keller. Waren schon die Proben auf dem Dach betörend, so stößt man hier auf eine noch subtilere Welt. In Glasballons und Fässern liegt eine Unzahl verschiedener Frucht- und Weinessige. Die Aromen, die sich hier offenbaren, sind von einer Transparenz und Authentizität, wie sie oft nicht einmal in frischen Früchten zu finden sind. Aromen von solcher Finesse, daß viele gute Marmelade-Erzeuger oder Destillateure vor Neid erblassen müßten.

Wir probieren Melonenessig, Tomatenessig, Paprikaessig, Apfelessig vom James Greve, selbst der Gurkenessig überrascht uns mit seinem ausgeprägten Charakter. Aus den Holzfässern folgt schließlich eine breite Palette an reinsortig ausgebauten Weinessigen, allen voran ein unglaublich kompakter und vielschichtiger Blauer Portugieser, aus einer Traube, die beim Wein nicht gerade das höchste Ansehen genießt. „Mit dieser Fülle und Reinheit sind oft sogar gute Köche überfordert", sagt ein Erwin Gegenbauer, der es mittlerweile gewohnt ist, daß er auch der Zunft der bemützten Profis hin und wieder einen Tip oder Anstoß geben muß.

Und wie um noch eines draufzulegen, präsentiert er uns auch seine eingelegten Früchte, die er stets in jenem Essig schwimmen läßt, der aus derselben Frucht erzeugt wurde. Senfgurken in Senfgurken-Essig, Rote Rüben in Rote-Rüben-

Essig – say no more! Der junge Essigbrauer, der eher zurückhaltend und tüftlerisch wirkt, dem man anmerkt, daß ihn das saure Milieu nicht hölzern gemacht hat, der im Gegenteil auch etwas Künstlerisches, sich nicht vereinnahmen lassend Kapriziöses ausstrahlt, verkörpert mit seiner Linie etwas sehr Originäres in der Essigwelt. So will er sich übrigens auch

selbst darstellen – immer unkonventionell und mit unerwarteten Ideen: Auf der größten österreichischen Weinmesse, der Vievinum, hat er deshalb 1998 die in den Flaschen verbliebenen Reste sammeln lassen und für die gleiche Veranstaltung im Jahr 2000 zu einem exklusiven Vievinum-Essig vergoren.

Die Essigmacher zu Köln

Alt-Bickendorf – so wie's klingt, so sieht's auch aus. Wenige Minuten von der Autobahn entfernt, gerät man in den etwas verschlafen wirkenden Vorort von Köln. Schmale Straßen, niedrige Häuser, fast noch dörflicher Charakter. Ein unscheinbares Schild an einem Tor gibt einen kleinen Hinweis auf das Metier der Bewohner – Essigmanufaktur Weyers. Doch man hätte es auch erraten können, wenn man das Haus betritt. Unverkennbar durchzieht ein zart süß-säuerlicher Duft das Treppenhaus. Das Wasser läuft einem im Mund zusammen, wenn man sich ertappt, urplötzlich an rheinischen Sauerbraten zu denken …

„Wenn Sie denken, da müssen aber viele Hände miteinander und ineinander arbeiten, dann liegen Sie falsch, es sind lediglich vier!"

Geschichte der Essigfabriken in Deutschland

Im Jahre 1882 gab es in Deutschland 1230 Gärungsbetriebe, 1895 waren es 1010, 1907 nur mehr 853, und 1927 blieben ganze 494.

Der Deutsche Essigverband wurde 1894 gegründet, hatte 1898 446 Mitglieder und hundert Jahre später 33.

Seit mehr als 100 Jahren wird hier Essig gebraut, heute in der vierten Generation des Familienbetriebes. Firmengründer war 1893 Carl Weyers, der sich vom Tagelöhner über die Arbeit in einer Feinkostfabrik zum selbständigen Unternehmer hochgearbeitet hatte. Mit erst 40 Jahren begann er an der bis heute bestehenden Betriebsstätte mit dem sauren Gewerbe. Im Klartext ging es bis vor kurzem nur um Branntweinessig, das Um und Auf in der traditionellen Essigwelt der deutschen Lande. Und dieses wirtschaftliche Rückgrat sichert bis heute zwei Drittel des Umsatzes: Abnehmer sind Feinkostfabriken, die den Grundessig zur Mayonnaiseherstellung verwenden, Sauerkonservenerzeuger, aber auch Gastrogroßhändler und regionale Feinkostläden, die nach dem Motto „jederzeit Essig in beliebiger Menge" verläßlich beliefert werden.

Auch liebenswerte Relikte einer längst vergangen geglaubten Zeit hat man sich bewahrt im Hause Weyers: Nach wie vor kommen die Bewohner der Umgebung, um sich in Flaschen oder Kannen den täglichen Bedarf an 10 %igem Essig direkt aus dem Faß zu holen. Sei es, um die frischen Gurken aus dem eigenen Garten einzulegen oder – wie Raimund Trapp, der Technologe des Betriebes, schmunzelnd bestätigt – „sich das Geld für den teuren Weichspüler in der Waschmaschine zu sparen".

Für die Erzeugung großer Mengen solcher Essige steht noch ein gewaltiger alter Spanbildner mit 8500 Liter Fassungsvermögen aus dem Jahre 1937 im Einsatz, der unermüdlich mit der Originalpumpe arbeitet. Aus 96 %igem Destillat landwirtschaftlichen Ursprungs, das aus steuerlichen Gründen vergällt und mit Wasser verdünnt wird, entstehen nach acht bis zehn Tagen Grundessige mit 12 % Säure, die als Ansatzessige beliebt sind. Und auch bestens einsetzbar, denn reiner Weinessig wäre viel zu intensiv und würde die beigegebenen Kräuter und Gewürze nicht zur Geltung kommen lassen. Bestseller bei solchen Produkten sind Mischungen aus Branntwein- und Apfelessig, aromatisiert mit Basilikum, Orangen oder Zitronen. Als preisgünstige Alternative im Sortiment haben sie ihren berechtigten Stellenwert.

Doch die industriellen Großerzeuger wie beispielsweise Kühne machen es Kleinunternehmern wie Leo Weyers nicht leicht. Um den Familienbetrieb erfolgreich weiterführen zu können, den er 1994 übernommen hat, mußte er sich etwas einfallen

Leo Weyers, Essigbrauer in der vierten Generation, braucht sich mit seinen neuen Produkten nicht zu verstecken

WEYERS
840
7% S.
9/98

WEYERS
CW 0201

lassen. Zumal er auf jeden Fall an seinen Wurzeln bleiben wollte, schließlich ist er genauso im sauren Milieu aufgewachsen wie heute seine eigenen Kinder, deren Kinderwagen und Dreirad zwischen Essigfässern parken. Wohnhaus und etwas beengte Arbeitsräume sind in den Jahren ineinandergewachsen. Noch sieht man die Schienen im Boden, die dazu dienten, die Pferdewagen mit den Essigfässern in den Schuppen zu rollen. Doch im ehemaligen Pferdestall stehen heute Laboreinrichtungen vom Feinsten ... bitter notwendig, um konkurrenzfähig zu bleiben, im gleichen Maße viel zu teuer, um sie nur als Hobby zu betreiben.

Also hieß es, der Branntweinessigerzeugung etwas Attraktiveres zur Seite zu stellen. Sukzessive wurde das Tätigkeitsfeld erweitert, teils mit sortenreinen Weinessigen, teils mit Lohnfermentation für Winzer, die ab 50 Litern zu Festpreisen angeboten wird, teils mit Auftragsarbeiten größerer Mengen Apfelessig. Leo Weyers, der ruhig, überlegt, manchmal auch etwas bedächtig wirkt, hat aber noch einen Weg gefunden, nicht zuletzt durch seinen kongenialen Partner Raimund Trapp, einen gelernten Chemielaboranten, der sich seine Sporen beim weltbekannten Essiganlagenbauer Frings verdient hat. Kein Schaden, wenn man sich die Produkte genauer betrachtet und auf der Zunge zergehen läßt, die aus seiner Werkstatt hier kommen.

Reine Fruchtessige sind es, denen Leo Weyers und Raimund Trapp seit drei Jahren verfallen sind. Ein Nischenprodukt, dem sich in Deutschland neben den Kölner Essigmachern eigentlich nur Robert Bauer in Flein widmet. Teilweise wird in Mikromengen produziert, im Schnitt 50 bis 200 Liter pro Charge, manchmal auch deutlich weniger. Dafür wurden neben einem 300-Liter-Acetator sogenannte „Pioniere" angeschafft – Mini-Fermentationsgeräte mit acht Liter Inhalt (allerdings zu stolzen Preisen von etwa DM 30.000,-).

Für die mittlerweile breite Palette an Fruchtessigen – von Ananas und Datteln über Brombeere, Heidelbeere und Himbeere bis zu Sauerkirsch und Biopflaume – liefert ein süddeutscher Fruchtsafter die frischgepreßten Muttersäfte nach Köln, wobei Tiefkühlware und Zuckerzusatz kein Thema sind. Die auf maximal 7,5 % Säure vergorenen Essige bleiben unverdünnt und unfiltriert, was zwar erhöhten Informationsaufwand beim Konsumenten verlangt, doch zur Philosophie der Kölner Essigmacher gehört. „Durch die ohnehin nötige

In dieser Puppenküche brodeln von Zeit zu Zeit auch Raritäten wie Blütenweine aus Ginster, Löwenzahn, Holunder und Rosen oder hochwertige Prädikatsweine

Lagerung setzen sich Trubstoffe von selbst am Boden ab, außerdem würde das Filtrieren nur das feine Aromenspiel stören."

Reklamationen gibt es eigentlich verhältnismäßig wenige. Sollten die Konsumenten doch schön langsam Spaß an der Abwechslung zu den „cleanen" Convenience-Produkten gefunden haben, die sich auch in der Essigwelt breitmachen? Gerade Raimund Trapp tut hier mit Begeisterung sein Bestes, wenn er Schulungen für das Verkaufspersonal von Lebensmittelhändlern abhält, Schulklassen durch den Betrieb führt oder Kochkurse mit Volkshochschulen oder Slow Food organisiert.

Derzeit beschäftigt man sich im Hause Weyers auch mit Versuchen, wie sich Lagerung auf Fruchtweine auswirkt, bevor sie verarbeitet werden – beispielsweise wird seit drei Monaten ein Mirabellenwein beobachtet. Auch die Reifung der fertigen Essige ist ein Thema, das noch viel zu wenig

MANUFAKTU
Mirab
einem Mirabel

Wer sich nicht entscheiden kann, sollte vor dem Kauf die Fruchtessige aus den bereitstehenden Probeflaschen verkosten

Verkostnotizen

- Zwetschge, 6,8 %
Dezent-schokoladige, etwas verschleierte Frucht; pflaumige Süße mit betonter Säure – individuell, aber ambivalent.
> zu süß-sauren, exotischen Gerichten

- Bio-Pflaume, 7 %
Zarte, verhaltene Pflaumenaromen, nussig-würzig; betonte Säure, etwas „Rumtopfaromatik" – üppiger und etwas fordernder Essig.
> Gerichte mit süß-saurer Stilistik

- Sauerkirsch, 5 %
Typische Sauerkirscharomen, zart schokoladig; schlank, mit feiner Pikanz - insgesamt harmonisch und von gewisser Rasse.
> zu Wintersalaten, Rotkraut und Wild, paßt genauso gut wie Himbeeressig auch zu gerösteter Leber

- Bio-Johannisbeere schwarz, 6 %
Opulente Cassis- und Lakritznoten; am Gaumen mit lebendig-spannender Säure – wuchtig-rassiger Fruchtbomber.
> gibt dem Sekt den letzten Pfiff, zu Saucen für dunkles Fleisch

- Brombeere, 7 %
Marmeladig; beerige, aber etwas grasig-harte Aromatik – fruchttypisch ohne letzte Harmonie.
> zu Wildgerichten, Roter Bete, Rotkraut, Beerendesserts und Vanilleeis

erforscht ist, speziell in den Auswirkungen Säurerückgang und Aromaveränderung. Bei den Fruchtessigen schwören Weyers und Trapp auf Glas und Edelstahl, um die Fruchtaromen klar und prägnant zu erhalten.

Im kleinen Schau- und Verkaufsraum mit seiner heimeligen Atmosphäre stehen Fläschchen an Fläschchen gereiht in schmalen Regalen, dazwischen Schächtelchen und Säckchen mit Essigpralinen, gefüllt mit den Fruchtessigen – ja, auch in der süßsauren Ecke spielt man ein wenig mit. Und eigens deklarierte Bio-Essige haben auch ihre Liebhaber. Altertümliches Kontor, vielleicht sogar Apotheke – denkt man unwillkürlich. Doch hinter der sowohl etwas verspielten wie liebevollen Ausstattung mit handgeschriebenen Etiketten an einer Kordel und mit buntem Wachs versiegelten Korken – „das machen wir beim Fernsehen" – steckt nicht nur viel Tradition und Erfahrung, sondern höchste Genauigkeit und überlegter Einsatz von moderner Produktions- und Labortechnik. So verbringt Raimund Trapp viel Zeit, um seinen Laptop im Acetatorenraum immer wieder mit Vergleichswerten während der Vergärung zu füttern, woraus eine lükkenlose Dokumentation der Endprodukte erzielt werden kann. Nicht nur zur Qualitätskontrolle, sondern als wertvolle Hinweise für neue Produktideen.

Eine reife Leistung für einen Zweimannbetrieb, worauf man auch im Hausprospekt mit gewissem Stolz verweist. Daß sich die beiden im selben Atemzug nur als „gute Handwerker, doch schlechte Vermarkter" bezeichnen, erklärt allerdings auch, warum der Bekanntheitsgrad der Essigmanufaktur Weyers noch nicht weit über den Kölner Raum hinausgedrungen ist.

Schaffe, schaffe,
Essig braue

Den Schwaben sagt man ja nach, daß sie besonders fleißige Leute seien. Was man von den Hengstenbergs sicher auch sagen kann. Seit vier Generationen in Familienbesitz, ist das Unternehmen heute nicht nur eine gewichtige Größe im Essigmachen, sondern schließlich auch der größte Sauerkonservenhersteller in Deutschland mit 16 % Marktanteil. Steht man vor dem ehrwürdigen Backsteinbau in Esslingen, sollte man daran denken, daß dieses Stammhaus der weltweit renommierten Firma nur die kleinste einer Reihe von Betriebsstätten ist. Doch man hat auch nicht mehr viele Möglichkeiten, hier zwischen steil aufragenden Weinbergen, Bahngleisen und Straße an Expansion zu denken. Zumal das Werk auch unter Denkmalschutz steht und man schon die nötigen Lagertanks geschickt an der Rückwand zum Hinterhof anbauen mußte.

Betriebsleiter Kaun: „Wir produzieren rund um die Uhr, weil die Bakterien nur zehn Sekunden ohne Luft überleben."

1876 wurde mit dem Essigmachen begonnen, und der Gründervater Richard Alfried Hengstenberg hat durch seine Weiterentwicklung des traditionellen Orléansverfahrens einen wesentlichen Beitrag zur beschleunigten Essigerzeugung geliefert. Sein neues System – im wesentlichen handelt es sich um stufenförmig angeordnete, flache Holzkufen, wodurch das Verhältnis Oberfläche zu Volumen verbessert werden konnte – wurde 1882 patentiert. Bis heute sind seine Forschungsergebnisse Teil der Lebensmittelgesetzgebung.

Vier Generationen haben am schwäbischen Imperium weitergebaut, und auch heute – mittlerweile sind im Unternehmen 850 Mitarbeiter mit der Produktion von 600 Artikeln in allen

Das Essig-Stammhaus steht unter Denkmalschutz

Größenvarianten beschäftigt – nimmt man Trends relativ gelassen, denn langfristig gesehen, ist der Essigmarkt einer der stabilsten, was auch die langjährigen Untersuchungen mittels eines 12.000 Haushalte umfassenden Panels bestätigen.

Die hauseigene Produktentwicklungsabteilung studiert gerade die kulinarische „Pacific"-Welle, die aus den USA herüberzuschwappen droht. Doch wenn man sie genauso souverän ausnützt wie den bereits wieder abflauenden Apfelessig-boom – trockener Kommentar des Betriebsleiters: „Schöner und gesünder ist keiner geworden, drum nehmen sie wieder den alten Branntweinessig." –, dann braucht man sich um die Umsatzentwicklung bei Hengstenberg keine großen Sorgen zu machen.

Das angebliche Wundermittel Apfelessig bescherte dem Spezialisten für Saures eine riesige neue Käuferschicht. Apfelessig und seine vielen Kinder – sprich Mischgetränke mit diversen Früchten, Honig und anderen Ingredienzien – kletterten in Deutschland von 1995 innerhalb von vier Jahren von einem mengenmäßigen Anteil von 9 % auf sagenhafte 30 %. Speziell Obstessige haben 1998 zu einer wertmäßigen Steigerung von 24 % geführt. Alles zu Lasten des reinen Weinessigs, des Weinwürzigen Essigs (einer beliebten Mischung aus Branntweinessig und Weinessig) und auch des Kräuteressigs. Relativ unbeeinflußt blieben Vollwürzessige sowie die Premiumschiene der Deli-Essige, die sich von 5 % auf mittlerweile stolze 9 % steigern konnten.

Grundstoffe für die Essigerzeugung sind – neben Destillat – Weine aus Deutschland, Frankreich, Italien und Spanien aus dem mittelpreisigen Segment, wobei reine Weinessige daraus keine sehr große Nachfrage haben. So war etwa einem Versuch mit einem Pfälzer Winzeressig wenig Verkaufserfolg beschieden. Im Gegensatz dazu hängt das Herz der Konsumenten an den versetzten Essigen, denen nur natürliche Aromen – „Vanille ja, Vanillin nein" – beigegeben werden dürfen. Und es ist noch gar nicht so lange her, daß in einem Garten am Betriebsgelände Petersilie für den Kräuteressig angepflanzt wurde ... Hält man sich allerdings die Jahresproduktion von 27 Millionen Liter Eigenmarken, ergänzt von 8 Millionen No-name-Produkten für den Handel vor Augen, versteht man, daß Hengstenberg sich nicht auch noch als Hobby-Gärtnerei profilieren will.

Ein Blick in den Laborraum: Online-Mischung der Grundstoffe für die Branntweinessigerzeugung (Alkohol, Nährstoffe und Wasser werden direkt ohne vorherigen Mischtank in den Acetator geleitet), begleitende Alkoholmessungen, Überwachung der Gärtemperatur und der Luftzufuhr etc. verlangen ständige Aufmerksamkeit und penible Kontrolle. Handelt es sich doch um ein ziemliches lebendiges Produkt beim Essig, den man nicht allzu lange aus den Augen lassen sollte, bevor er fertig ist.

Die sauren Lieblinge im deutschen Haushalt

- Die Standardlinie bei Hengstenberg umfaßt den beliebtesten Essig Deutschlands, den „Altmeister" (ein weinwürziger Essig aus einem Drittel Weinessig und zwei Dritteln Branntweinessig), die „Alte Liebe" (ein Rotweinessig), Kräuteressig, Vollwürzessig, Zitronenessig, Apfelessig und Gurkenmeister (ein Konzentrat) – die Klassiker für die tägliche Küche. Mit dem Vollwürzessig – einer fix und fertig gemischten Salatwürze, nur ohne Öl – spricht man eine relativ alte Käuferschicht an, kommt aber auch dem Convenientrend in der modernen Küche sehr entgegen.
- Die Deli-Essige, schon rein äußerlich kenntlich durch die 0,5-Liter-Flasche, sind eine marketingtechnisch gut ausgeklügelte Serie, vom Weinessig und Apfelessig in verschiedenen Varianten (gesüßt mit Honig und angereichert mit Vitamin C) über angesetzte Essige (Himbeere, Kräuter, Walnuß, Estragon, Schalotten-Knoblauch) bis zu den unvermeidlichen Schlenkern in die internationale saure Welt: Sherry-Essig einträchtig neben Balsam-Essig und Aceto Balsamico di Modena.

Verkostnotizen

- Weinessig weiß
  Sehr hell, etwas zurückhaltende, aber deutlich weinige Note; sehr weinig und dicht am Gaumen – klassisch und unkompliziert.
- Weinessig rot
  Etwas bräunlich in der Farbe; leicht stechend; mit zartem Tannin im Geschmack – relativ ausgewogen und durchaus kraftvoll.
- Sherry-Essig
  Relativ helle Farbe; recht neutral in der Nase; leicht nussig-würzige Noten – geradlinig mit typischer Säuredominanz.
- Apfelessig naturtrüb mit Vitamin C
  Sehr mostig in Geruch und Geschmack, wirkt wenig frisch – freundlich, doch etwas eindimensional.
- Apfelessig naturtrüb mit Vitamin C und Blütenhonig
  Gelblich trüb; sehr mostig; am Gaumen sehr gefällig, weich und mild – feiner „Trinkessig".
- Walnußessig
  Schöne, grün-gelb-goldene Farbe; deutliches Nußaroma in Geruch und Geschmack – harmonisch mit gewissem Pfiff.
- Balsamessig
  Transparent, nicht sehr fein in der Nase, deutliches Couleur; am Gaumen leicht karamelig mit Säurespitz – mit Weinessig „abgeschlankter" Aceto Balsamico.

- Aceto Balsamico di Modena
Intensive Maggi-Note, etwas Acetaldehyd und dahinter leicht nussige Aromen; am Gaumen schlanke Süße; deutlicher Mostkonzentrat-Ton – ein etwas rustikaler Vertreter seiner Gattung.

80 Jahre alt, aber immer noch optimal für die Lagerung von Weinessigen

Einige Stockwerke tiefer enthüllt sich der wahre „saure" Kern des Betriebes. In einem Raum des verwinkelten, 80 Jahre alten Kellers arbeiten ein alter Spanbildner und ein gewaltiger Acetator einträchtig nebeneinander. Solange man Faßbinder findet, die notwendige Reparaturen und Dichtungsarbeiten ausführen können, will man sich von dem traditionellen Essigbildner auch nicht trennen. Immerhin hat er den Vorteil eines sehr geringen Energiebedarfs, und die Späne sind bis zu 25 Jahre einsatzbereit, obwohl die Vergärtemperatur selbst nicht steuerbar ist.

Genauso läßt man in der Lagerung alt und neu nebeneinander bestehen, denn ob Essig in alten Holzfässern reift oder im Edelstahl, ist laut Aussage des Betriebsleiters wenig ausschlaggebend. Wirklich wichtig ist nur die Zeit. Und die läßt man auch im Hause Hengstenberg den Essigen: Sogar der relativ einfache Branntweinessig reift zumindest sechs Monate, bevor er gefiltert, bei 80 Grad pasteurisiert und abgefüllt wird. Platz ist im Esslinger Stammhaus für mehr als 2,5 Millionen Liter Essig im Holzfaß – die gleiche Menge lagert auch noch in Edelstahl.

Mag man Essig auch alle möglichen positiven und vor allem gesundheitsfördernden Eigenschaften nachsagen, auch hier macht wohl die Menge das „Gift": Zwischen den schier endlosen Faßreihen ist die Luft mit einem durchdringenden, fast stechenden Geruch geschwängert, der das vorschriftsmäßige Tragen von Schutzbrillen mehr als verständlich macht ...

Ist Bauer sauer?

Robert Bauer ist fraglos ein wichtiger Pionier der Fruchtessige in Deutschland und einer der ersten, die sich in diesem Zusammenhang mit dem Einsatz des submersen Verfahrens auseinandergesetzt haben. Er ist nicht nur Essigbrauer, sondern auch Winzer und „Revoluzzer wider Willen". Seine apodiktische Art, mit der er für die Sache der Essige kämpft, bringt dem Kunden nicht in jedem Fall Transparenz und sachliche Information.

Da es uns trotz sechswöchiger Bemühungen, mehrfacher Faxe und Telefonate (auch mit dem Meister selbst) leider nicht gelungen ist, ein persönliches Treffen zu vereinbaren, können wir nur auf nebenstehende Verkostnotizen verweisen – und darauf, daß wir offensichtlich nicht die ersten sind, die die erwähnten Erfahrungen machten.

Verkostnotizen

- Aprikose, 5 %
  Typische, saubere, aber etwas vordergründige Aromatik in Geruch wie Geschmack – leicht verständlich, aber ohne Finesse.
  > zu Blatt- und Obstsalaten
- Feige, 5 %
  Fein, sauber, aber glatt und zuckerlartig; breite, gefällige Stilistik – ein konsumentenfreundliches, etwas synthetisch wirkendes Produkt.
  > zu Frischkäsen von Schaf und Ziege, zu asiatischen Gerichten

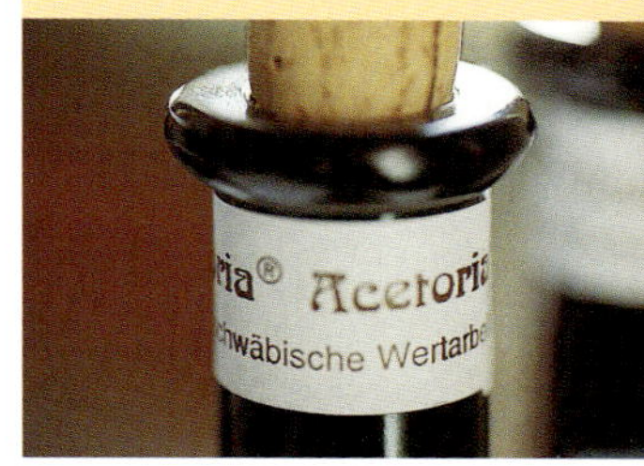

Pfälzer Universalgenie

Sorbet vom Rosenessig im Kempinski Frankfurt – Damwildrücken mit Vier-Räuber-Balsam im Jagdschloß Hubertusstock – Senfmenü im Waldhotel National in Arosa – Karamelisierte Limonentarte mit Lavendelessig im Park Hyatt Tokyo – Vanilleessig als Digestif im Raffles Singapur: Blitzlichter des vollen kulinarischen Programms, dem sich Tausendsassa Georg Heinrich Wiedemann seit Jahren als Botschafter für feine Essige unterzieht.

Essige vom Doktorenhof – moderne Produkte mit marketingbewußten Anleihen aus der Historie

Doch man kann die Geschichte auch ganz anders beginnen: Es war einmal ein kleines Weingut im kleinen Örtchen Venningen an der Pfälzer Weinstraße. Dazu gehörte eine ebenso kleine Gastwirtschaft. Und ein kleiner Junge, der schon sehr früh für sich selbst zu sorgen hatte. Heute ist aus dem kleinen Jungen ein – immer noch verschmitzt lächelnder – Vierziger geworden, glücklicher Familienvater und erfolgreicher Unternehmer, doch die Phantasie und Begeisterungsfähigkeit eines Kindes hat er sich ohne Einbrüche erhalten. Und gerade diese beiden Eigenschaften scheinen sehr viel zum Erfolg des „Schorsch" beigetragen zu haben. Mag man manches auch als Marketinggags abtun oder als vordergründige „Bauernfängerei" kritisieren – eines muß man dem belesenen, kunstsinnigen Multitalent lassen: Er hat es hervorragend verstanden, seinen Kunden genau das in perfekter Form zu verkaufen, wovon sie oft noch gar nicht wußten, daß sie es wollen und brauchen, und wofür sie auch bereit sind, einen entsprechenden Preis zu zahlen.

Aber zurück zum Anfang ... Das Weingut hat heute 6,5 Hektar Rebflächen, auf denen neben den klassischen Burgundersorten, Gewürztraminer und Sylvaner auch Neuzüchtungen mit klingenden Namen wie Sieger, Ortega und Huxel kultiviert werden. Doch „richtigen" Wein macht man im Hause Wiedemann nur mehr zum Hausgebrauch – je nach Lust und Laune einmal einen trockenen Weißen, einen feinen Roten oder einen frischen Rosé. Das Gros der Trauben ist dafür gedacht, zu konzentrierten, süßen Beeren einzuschrumpfen. Die daraus vergorenen Auslesen, Beerenauslesen oder sogar Eisweine sind Ausgangsprodukte des Doktorenhof-Essigmysteriums.

In halbvoll gefüllten Fässern werden die Edelsüßen zu Edelsauren – ganz puristisch nach dem klassischen Orléansverfahren. Im kleinen Eichenfaß – sozusagen im Kindergarten – verharren die Jungessige auf Warteposition, bevor sie in die hohe Schule des Meisters aufgenommen werden. Und wer sich im romantisch-überladenen Verkaufsraum des Doktorenhofes in Ruhe umsieht, erkennt schnell, daß diese hohe Schule schon einige Semester dauern kann – inklusive des eifrigen Studiums jahrhundertealter Bücher.

Die Ergebnisse der Wiedemannschen Essig-Manie tragen dann auch so bedeutungsschwangere Namen wie „Casanova Aperitifum Romanticum" (romantische Verführung von edlem Weinessig mit anregenden Kräutern und Essenzen), „Sisi" (Weinessig mit Veilchenblütenessenz und Honig), „Let's Oyster" (im Barrique gereift und mit Lemongras verfeinert) oder „Xantyan" (mit 24 Karat Blattgold).

Was man damit macht? Trinken natürlich, wenn man es übers Herz bringt, die fragilen Glaskompositionen – natürlich auch vom Hausherrn selbst entworfen und von thüringischen Glasbläsern kunstvoll ins Leben gehaucht – überhaupt zu entkorken und den duftenden Inhalt in die an skurrile, exotische Blüten erinnernden Verkostungsgläser einzugießen.

GIACOMO
CASANOVA
APERITIFUM ROMANTICUM

... mit Orangenblütenhonig – schmeichelnd süßer Aperitiftyp

Diese trendigen Aperitifessige finden bei Privatkunden und in der Gastronomie immer mehr Anklang. Sie zeichnen sich durch einen wohltuend-würzigen Geschmack aus, der durch die niedrige Säure (etwa 3,5 oder 4 %) noch harmonischer wirkt. Daß solche Kreationen mithelfen, das leider nicht sehr hohe Image des Essigs anzuheben, ist unbestritten ein Verdienst von Georg Wiedemann.

Auch in jedem seiner Etiketten findet sich ein Stück von ihm – allesamt sind Abbilder eines Wiedemann-Originals, von denen er sich erst trennt, wenn das Etikett nicht mehr gebraucht wird: „... gemalt, gespritzt, gespachtelt von Schorsch. Reich an Farbe und Ausdruck in der Zeit der Moderne. Fließend bestechend und doch etwas melancholisch wirken die Bilder, die angenehm aussagen, was der Mensch in Form und Farbe fühlt. Gemalt mit Essig – natürlich auch hier!" Als Maler von „Bildern in Essig und Öl" könnte

Georg Wiedemann sicher auch leben, gerade im fernen Osten liebt man den Stil solcher Malerei – mit viel Gold im Hintergrund.

Doch im Moment ist der kreative Kopf noch mit einer ganz anderen Materie voll beschäftigt – dem Essig als Heilmittel, gekonnt verpackt in seiner neuen „Medi-Line", zu der neben Trinkessigen auch Inhalations- und Badeessige gehören, die in Apotheken erhältlich sind und auch in Kuranstalten Anwendung finden. Und weil sich früh übt, was einmal ein essigsaures Harmoniebündel sein will, gibt es das alles auch in einer speziellen Ausführung für Kids – als Konsumenten der Zukunft sind sie schließlich eine hochinteressante Zielgruppe.

Im Doktorenhof kann man natürlich das alles auch hautnah nachvollziehen, vom Kochkurs des perfekten Essigmenüs bis zur Inhalation der gärenden Essige im Keller, sicherheitshalber angetan mit einem eigenen Essig-Talar. Dann darf man sich „Absolvent der pfälzischen Akademie der sauren Künste und Genüsse" nennen. Gestärkt mit einer Tasse Essigkaffee und pikanten Essigpralinen, wirft man schnell noch einen Blick auf die Essig-Uhr, zwischen deren beiden Uhrgläsern Burgunderessig fließt. Um staunend festzustellen, daß man in der Welt des Essigs schnell die Zeit und sich in ihr verlieren kann.

Doch auch daran hat der „Schorsch" gedacht: „Unsere Tochter wird nach dem Abitur eine medizinische Lehre machen und den Doktorenhof standesgemäß übernehmen können. Dann hab' ich Zeit, wieder was Neues zu machen." – Respektvoll sei zum Schluß gefragt: Wann schläft der Mann eigentlich?

Verkostnotizen

- Weißburgunder mit Orangenblütenhonig, 3,5 %
  Honigbetont und geschmeidig; charmantes Süße-Säure-Spiel mit Orangenschalenaromen und Akazienhonig – schmeichelnd süßer Aperitiftyp.
- Casanova, 3,5%
  Intensiv kräuterwürzig, süßlich; üppige, exotische Aromen – verwegenes Elixier mit dem Flair von Mantel und Degen.

Angewandter Essig – Ein kulinarischer Leitfaden

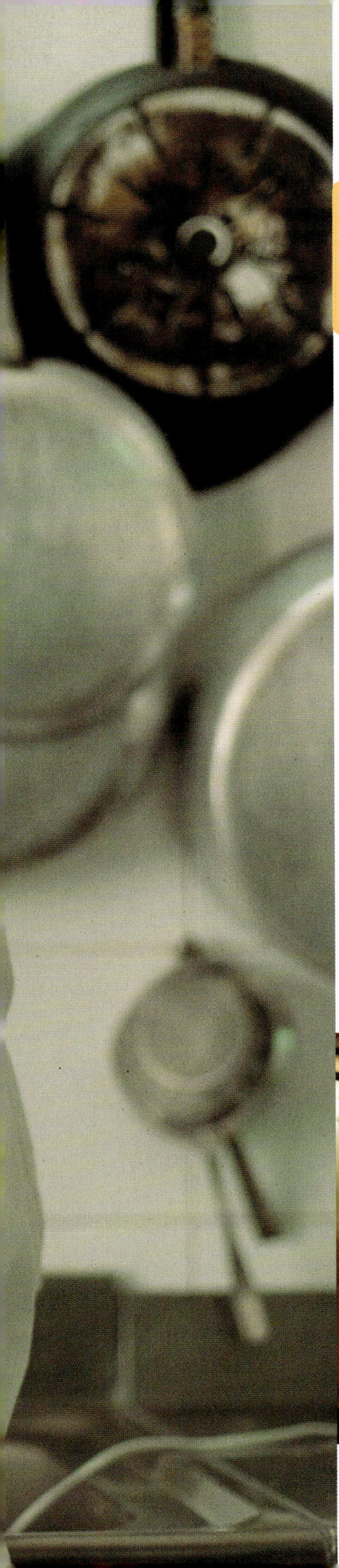

Die Allgegenwärtigkeit des Essigs in den Küchen der Welt ist sein größter Feind. Sein Gebrauch in Mayonnaise, Senf, Chutney, Ketchup, Sulz und Saurer Wurst, Sauerbraten & Co. ist so alltäglich, daß er meist gar nicht wahrgenommen wird. Aus dieser Selbstverständlichkeit gehört Essig aber dringend befreit. Wie so etwas aussehen könnte, wo moderne Essige kulinarisch einzuordnen sind und was auch großen Köchen dazu einfällt, soll folgender Ausflug ins saure Milieu aufzeigen – zu Ehren des Essigs und seiner Einzigartigkeit.

Was lange in Ballons reift, braucht entsprechende Vorbereitung für die Anwendung

Die elf Gebote im Leben mit dem Essig

Essig ist vielseitig. Das stimmt. Allerdings ist er auch ein sensibler Partner in der Küche. Je nach Typ des Essigs und auch der jeweiligen Zutaten dominieren Süße, Säure, Salz oder Bitterstoffe. Diese vier Grundgeschmacksrichtungen sind maßgebliche Kriterien für die Harmonie oder Disharmonie eines Gerichts. Man braucht sich nicht sklavisch an die elf Essig-Gebote zu halten, sie sind aber ein nützlicher Wegweiser.

Ein zusätzlicher und eigentlich der sicherste Anhaltspunkt ist die Harmonie verwandter Aromen. Mit Kirschessig zu heißen Kirschen liegt man immer richtig, oder ein Essig mit rauchigem Charakter wird Geräuchertes ideal ergänzen. Ähnliches gilt für die Kombination von Essiggerichten mit Wein oder Destillaten – sei es als Rezeptbestandteil oder als Begleiter. Korrespondierende Aromen passen zusammen, zu mächtige Komponenten schließen einander aus. Generell passen Weine mit Frucht- oder Extraktsüße sowie eher voluminöse Weine – egal ob durch Reifung im Holzfaß oder höheren Alkoholgehalt – gut zu Essig.

Bei der Komposition und beim Anrichten einer Speise spielt nicht nur die Harmonie der Aromen eine große Rolle, sondern auch jene der Farben. Kontraste können aufwerten, aber auch stören. Konzentrierte, dunkelfarbige Essige sind daher nicht immer das Nonplusultra, was aber nicht heißt, daß man statt zu Tradizionale zu einer seit kurzem am Markt aufgetauchten, seltsamen Mutation – dem Balsamico bianco – greifen sollte.

1. Gebot: Säure mit Säure
   Säuren addieren sich auf eine herb-adstringierende Weise.
2. Gebot: Säure mit Fett
   Säure kann fette Speisen kompensieren, leichter und bekömmlicher machen.
3. Gebot: Säure mit Gerbstoffen
   Gerbstoffhaltige Speisen erscheinen noch bitterer – z. B. herbschalige Birnen oder Wild.
4. Gebot: Säure mit Gewürzen
   Essig hebt intensive, herbe Gewürze noch stärker hervor.

5. Gebot: Säure mit Süße
   Essig unterstreicht die Aromen vieler süßer Früchte.
   > Erdbeeren oder Mango – sowohl mit Balsam wie Sherry-Essig
6. Gebot: Säure mit Salz
   Summieren sich auf ähnlich unangenehme Weise wie Säure und Säure.
   > zu Käse passen nur süße Essige
7. Gebot: Säure mit Rauchgeschmack
   Geräuchertes sperrt sich gegen süßliche Essige, vermählt sich dagegen gut mit faßgelagerten Essigen.
   > Speck oder Räucherforellen mit Sherry-Essig etc.
8. Gebot: Süße mit Süße
   Speziell Balsamessige verbinden sich sehr harmonisch mit Süßspeisen.
   > Tradizionale zu Vanilleeis
9. Gebot: Süße mit Salz
   Balsamessige neutralisieren das Salz zwar nicht, können aber finessenreiche Noten hervorbringen.
   > Tradizionale zu Parmesan
10. Gebot: Bitterstoffe mit Gerbstoffen
   Sie addieren sich auf unangenehme Weise. Chicorée geht nicht mit Essig aus Wildfrüchten.
   > anders bei Nüssen - zusammen etwa mit Hagebuttenessig
11. Gebot: Gerbstoffe mit Süße
   Eine schlechte Liaison. Das Bittere wird verstärkt.

Erste Begegnung mit dem sauren Milieu
Über das richtige Verkosten von Essig

Anders als bei Wein- oder Schnapsverkostungen besteht hier kaum die Gefahr, zu viel zu schlucken und sich zu betrinken. Es ist deshalb nicht weniger spannend – alle Sinne werden gefordert. Die Art und Weise der Verkostung ist sozusagen Geschmackssache: ob mit einem kleinen Löffel, mit einer Pipette direkt unter die Zunge oder auf den Handrücken geträufelt und abgeleckt. Der Duft ist dabei fast das Wichtigste, weil die Aromen sehr vielschichtig und konzentriert sein können. Eine Probe, auf der Haut verrieben, kann noch nach Stunden sehr intensiv riechen, was auch ein aussagekräftiges Kriterium für die Qualität eines Essigs sein kann.

Aroma und Charakter im Essigspektrum

Den Charakter eines Essigs und seiner Aromen zu erfassen ist für dessen richtige Verwendung in der Küche sehr hilfreich. Man versuche daher zuerst einen Gesamteindruck zu erhalten und erst dann ins Detail zu gehen. Die folgende Aufzählung von Aromen mag auf den ersten Blick vielleicht zu spezialisiert sein, mit etwas Übung lernt man auf diese Weise aber auch die Qualität von Lebensmitteln ganz allgemein differenzierter zu beurteilen.

Nur ein Beispiel für die Aussagekraft von Aromen: Guter Sherry-Essig riecht in der Regel nach grünen Walnüssen. Wer sich den unverwechselbaren Duft einmal eingeprägt hat, wird diese andalusische Spezialität rasch wiedererkennen.

Profis behaupten, der Mensch wäre unter der Zunge am wenigsten empfindlich gegen Säure

Die Verkostung mit dem Löffel hat den Vorteil, daß man den Essig besser beriechen kann

In Destillatgläsern kommt das Aroma von feinen Essigen besonders gut zur Geltung

Auch am Handrücken kann ein Essig seine Vorzüge zeigen

Das Spektrum des Essigs

Intensität

indifferent, dünn, verhalten, kräftig, intensiv, aufdringlich, kurz/lang

Charakter

fehlerhaft/sauber, plump/komplex, gefällig/finessenreich, weich/rassig, süß/sauer/salzig/bitter, frisch/morbid, reduktiv/oxidativ

Aromatik

fruchtig:
Beeren: Erdbeere, Himbeere, Brombeere, Johannisbeere, Heidelbeere, Holunder
Kernobst: Apfel, Birne, Quitte
Steinobst: Kirsche, Sauerkirsche, Marille/Aprikose, Mirabelle, Pfirsich, Pflaume, Zwetschke
Wildfrüchte: Vogelbeere, Schlehe, Kornelkirsche, Hagebutte
Exoten: Zitrus, Ananas, Banane, Melone, Mango etc.
Dörrfrucht: Rosinen, Feigen, Dörrpflaumen
gekochte Frucht: Kompott, Marmelade/Konfitüre, Pflaumenmus, Rumtopf
vegetabil:
frisch: Gras, Minze, Menthol, Paprikaschoten
gekocht: Spargel, Kohl, Artischocken
erdig: Champignon, Trüffel, Unterholz
trocken: Tee, Heu
nussig: grüne Nuß, Walnuß, Mandel, Bittermandel
würzig: Liebstöckel, Vanille, Nelken, Zimt, Muskat, Wacholder, Lakritze, Anis, Ingwer, Pfeffer
karamelig: Balsam, Honig, Schokolade, gebrannter Zucker, Malz, verbrannt, Teer
holzig: grünes Holz, Eiche, Wacholder, Akazie, Kastanie
rauchig-röstig: Rauch, Kaffee, Toastbrot, Leder
medizinal: Jod, Apotheke
chemisch: Aldehyd, Essigsäureethylester

Essigfehler scheinen in diesem Spektrum nicht auf. Sie reichen von dumpf-schimmelig bis zu Milchsäure oder Kahmhefe.

Die Typologie der europäischen Essig-Allrounder

Unter den Essigen gibt es einige, vor allem traditionelle, die sich für sehr viele Speisen als Zutat eignen. Zu diesen Alleskönnern gehören Bieressig, Weißwein- und Rotweinessig, Sherry-Essig und Aceto Balsamico Tradizionale di Modena. Weil eine Auflistung von Gerichten, die zu diesen Essig-Typen passen, viel zu umfassend wäre, wollen wir hier nur ganz allgemein einige Anregungen zu deren Verwendung geben.

Bieressig paßt sich geschmacklich durch seine malzig-weiche Fülle und die relativ gut eingebundene Säure hervorragend an seine Umgebung an.

Weinessige gibt es in zwei Varianten – holzfaßgereift oder nicht. Je nachdem, sind sie eher frisch-spritzig oder abgerundeter, mit leicht rauchigem Charakter. Bei Rotweinessigen kommen dazu noch die mehr oder weniger stark ausgeprägten Gerb-

Durch die Holzfaßlagerung kommt Essig vermehrt in Kontakt mit Sauerstoff – er wird weicher und nimmt die Aromen des Holzes an

stoffe – was ihre Einsetzbarkeit etwas einschränkt. Weinessige werden außerdem gerne für das Ansetzen mit Kräutern und Gewürzen genommen.

Sherry-Essige gewinnen ihren eigenständigen Charakter durch die Reifung in der Solera. Die Aromen erinnern meist an Walnüsse, rauchig-salziges Holz und Karamel und gehen manchmal auch in eine morbide Richtung. In der Regel ist Sherry-Essig ausgesprochen vielseitig, es ist aber ratsam, ihn wegen der meist hohen Säure sparsam zu dosieren.

Tradizionale ist sehr anpassungsfähig, aber sensibel. Als großer Individualist widersetzt er sich jeder allgemeinen Angabe für die Dosierung. Daher sollte man vorher einige Tropfen probieren. Als Regel kann jedenfalls gelten, den Tradizionale zuletzt zuzugeben – wird er gekocht, verliert er die Aromen. Trotz seiner konzentrierten Art, die recht dominant sein kann, ist er oft ein sehr animierender Kontrapunkt.

Eine kleine Essig-Inspiration

Weil wir kein Kochbuch schreiben wollten, sondern nur Anstöße für den Gebrauch des Essigs geben, finden Sie hier noch eine Aufstellung von Kombinationen, die entweder ungewöhnlich sind oder auf einfache Art Abwechslung in die Alltagsküche bringen.

> Sekt mit Holunder- oder Johannisbeeressig
> Jakobsmuscheln roh mariniert mit Apfelbalsam
> Mayonnaise mit Senf, Sherry-Essig und Consommé verfeinern
> Carpaccio mit Tradizionale und Parmesan
> Chicorée gegrillt mit Apfelbalsam
> Rote Bete mit Brombeeressig
> Peperonata (gegrillte Paprika mit Zwiebeln) mit Balsamessig ablöschen
> Nudeln mit Sherry-Essig beträufeln
> Gebratene Nieren mit Pfirsich-Balsam oder einer Apfelbalsamreduktion (1:1 mit Honig) ablöschen
> Entenbraten mit Balsamessig bepinseln
> Saurer Karpfen – in einem Sud mit Zwiebeln und Essig wird der Karpfen einige Minuten ziehen gelassen und dann über Nacht im kalten Sud mariniert; bei diesem schmackhaften Rezept zersetzen sich auch die Gräten
> Essighuhn – angebraten, mit viel Weinessig abgelöscht, fertiggegart und mit einer Sauce aus Obers/Sahne und Tomaten serviert
> Ricotta mit Orangen und Tradizionale
> Birnen mit Parmesan und Tradizionale
> Mango mit Camembert und Pfirsichbalsam
> Pistazien in Sherry-Essig mariniert

Der Trend zu Fruchtessigen ist gar nicht so neu: „Der Erdäpfelsalat wird in alten Rezepten häufig mit Himbeeressig angemacht, wie übrigens kein altes Kochbuch an den Essigrezepten (Apfel-, Birnen-, Himbeer-, Weichsel-, Veilchen-, Honig-, Bier-, Rosen- Kräuter- oder Bertramessig) vorbeigehen konnte." (aus: Das große Sacher Kochbuch)

Die besten sauren Gerichte – eine Essig-Matrix

Für die Spezialisten unter den Essigen, die noch nicht so bekannt sind, wollen wir hier eine manchmal vielleicht etwas ungewöhnliche, aber jedenfalls zur Nachahmung empfohlene Gebrauchsanleitung liefern. Wir können Ihnen versichern, daß die Entwicklung dieser Matrix uns im praktischen Versuch sehr viel Spaß gemacht hat.

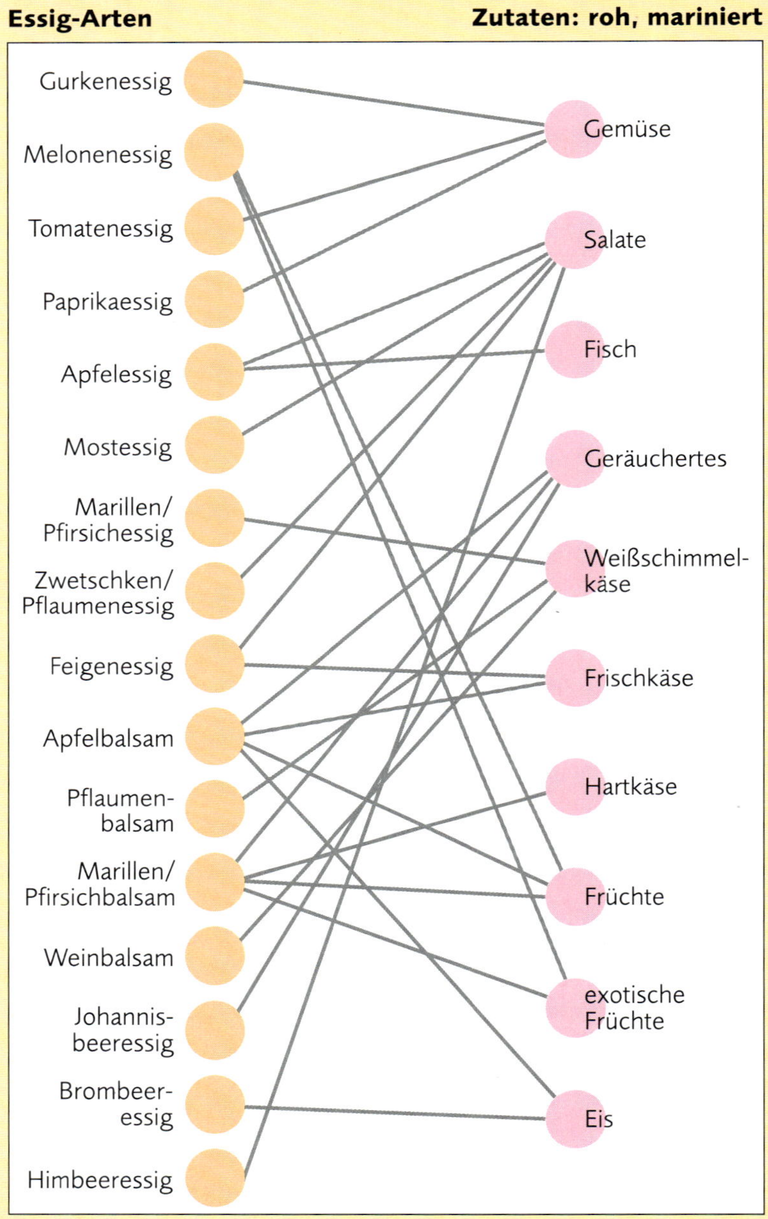
Essig-Arten
Zutaten: roh, mariniert
Gurkenessig
Melonenessig
Tomatenessig
Paprikaessig
Apfelessig
Mostessig
Marillen/Pfirsichessig
Zwetschken/Pflaumenessig
Feigenessig
Apfelbalsam
Pflaumenbalsam
Marillen/Pfirsichbalsam
Weinbalsam
Johannisbeeressig
Brombeeressig
Himbeeressig
Gemüse
Salate
Fisch
Geräuchertes
Weißschimmelkäse
Frischkäse
Hartkäse
Früchte
exotische Früchte
Eis

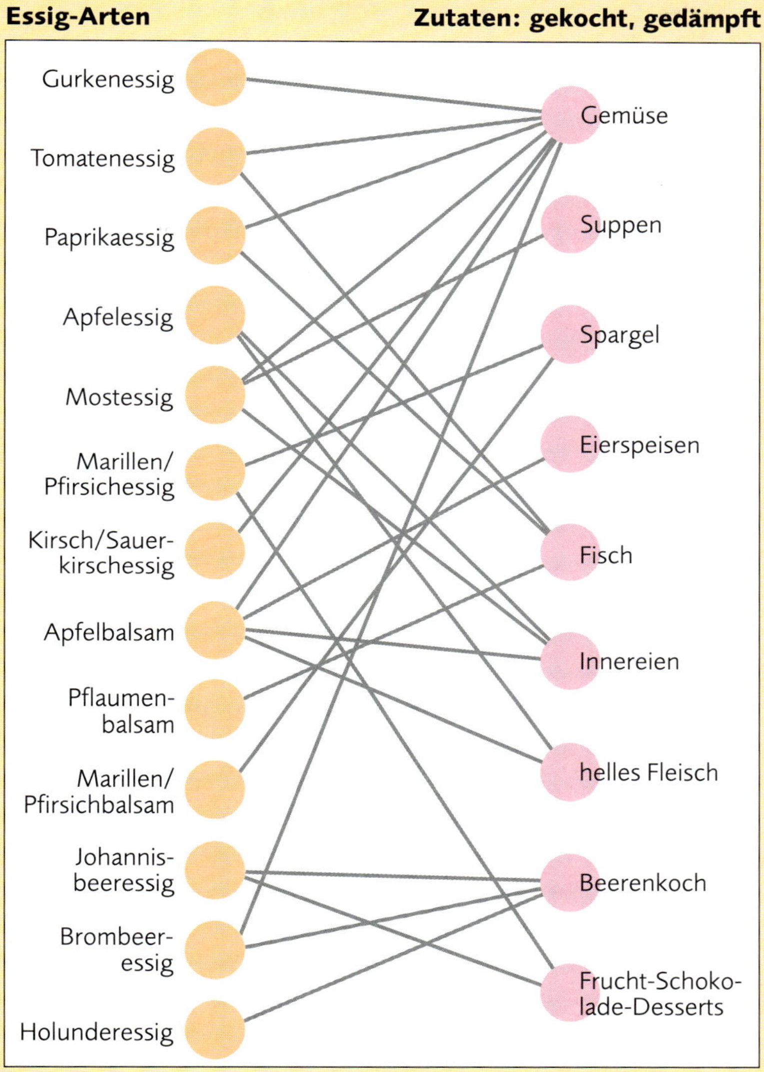
Essig-Arten
Zutaten: gekocht, gedämpft
Gurkenessig
Tomatenessig
Paprikaessig
Apfelessig
Mostessig
Marillen/ Pfirsichessig
Kirsch/Sauer-kirschessig
Apfelbalsam
Pflaumen-balsam
Marillen/ Pfirsichbalsam
Johannis-beeressig
Brombeer-essig
Holunderessig
Gemüse
Suppen
Spargel
Eierspeisen
Fisch
Innereien
helles Fleisch
Beerenkoch
Frucht-Schoko-lade-Desserts

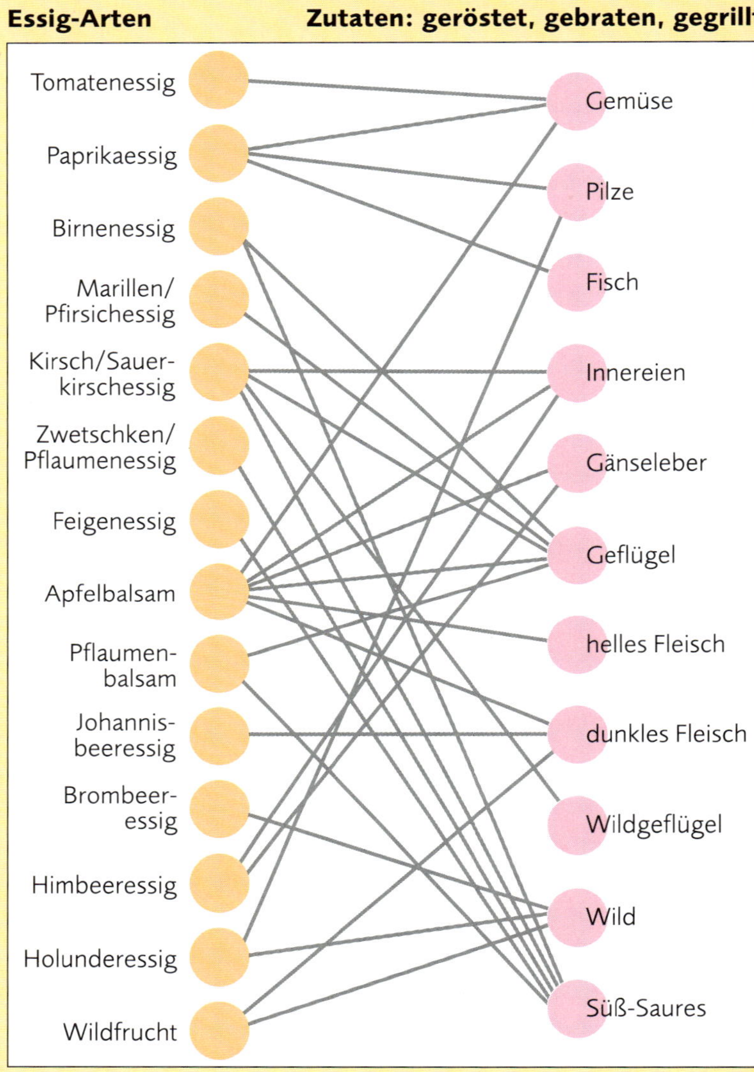
Essig-Arten
Zutaten: geröstet, gebraten, gegrillt
Tomatenessig
Paprikaessig
Birnenessig
Marillen/Pfirsichessig
Kirsch/Sauerkirschessig
Zwetschken/Pflaumenessig
Feigenessig
Apfelbalsam
Pflaumenbalsam
Johannisbeeressig
Brombeeressig
Himbeeressig
Holunderessig
Wildfrucht
Gemüse
Pilze
Fisch
Innereien
Gänseleber
Geflügel
helles Fleisch
dunkles Fleisch
Wildgeflügel
Wild
Süß-Saures

Die Profis des sauren Metiers

„Ristorante Baia del Re", I-41050 Modena (San Donnino), Via Vignolese 1864, Tel. 059/0469422 Sonntag Ruhetag

Signora Maria Livia Brini – sie hat die regionale Küche fest im Griff und den Tradizionale stets zur Hand

Rezepte europäischer Spitzenköche

Jede „Essig-Region" hat ihre Spezialitäten – Gerichte, die sich in den jeweiligen Küchen etablieren konnten und seit langer Zeit auf eine bestimmte Weise zubereitet werden. Die Frittata aus der Emilia ist so ein Beispiel – einfach, authentisch und gut. In Andalusien wiederum ist die Escabeche sehr gebräuchlich, eine Art, die Zutaten vor der endgültigen Verarbeitung in Sherry-Essig einzulegen. Welche Talente erstklassige Essige außerdem haben, ob Tradizionale, Sherry oder Himbeere & Co., hängt vom Gespür des Kochs ab. Die folgenden Rezepte sollen dazu eine kleine Inspiration liefern.

An den Wurzeln der Emilia „Baia del Re"

Der Inbegriff eines italienischen Landgasthauses – wer deftige Speisen liebt, ist hier mittags gut aufgehoben. Fleischtiger werden zufrieden sein, denn die Küche der Emilia spart nicht mit Würsten, üppigen Tellern vom Rindfleischwagen und herzhaften Wildgerichten. Das Lokal gehört zur Acetaia Bompana.

Frittata mit Zwiebeln und Tradizionale

Zutaten für 4 Personen:

8 Eier
1 große Zwiebel
200 g Parmesan
125 g Sahne/Obers
Butter
Petersilie
Aceto Balsamico Tradizionale di Modena

Ein klassisches Menü der Emilia mit Aceto Balsamico Tradizionale di Modena – Bresaola, gegrilltes Gemüse, Bollito misto (gekochtes Fleisch von der Kalbszunge über gefüllten Schweinsfuß bis zu Huhn)

Die Frittata – eine Art Zwiebelomelett – ist eines der besten Gerichte für Tradizionale

Die feingeschnittenen Zwiebeln in einer Pfanne mit Butter andünsten. In der Zwischenzeit die Eier mit geriebenem Parmesan, geschnittener Petersilie, etwas Salz und Schlagsahne gut vermengen. Zu den Zwiebeln geben, auf ziemlich schwacher Hitze zugedeckt stocken lassen, damit die Eier cremig auf den Tisch kommen. Kurz vor Ende der Garzeit einige Tropfen Tradizionale auf die Frittata träufeln, nochmals zudecken und so servieren. Beim Öffnen entfaltet sich der aromatische Duft von Eiern und Balsamico.

Osteria Francescana,
I-41100 Modena,
Via Stella 22,
Tel. 059/210118
Sonntag Ruhetag

Massimo Bottura – ein großer italienischer Koch mit ebensolchem Understatement

Vom zwanglosen Umgang mit Tradition „Osteria Francescana“

Die Osteria Francescana ist ein Lokal, wie es in Italien eher selten zu finden ist. Massimo Bottura kocht wunderbar italienisch, aber mit französischem Zugang. Das vereint Raffiniertes und Bewährtes, kompetent dargeboten im angenehmen, fast künstlerischen Ambiente.

Das Francescana vertreibt einen eigene Balsamico unter der Marke „Villa Manodori".

Rindsfilet in der Speckkruste mit Zwiebel-Essig-Marmelade und Balsamico-Sauce

Für 4 Personen:

4 Filetsteaks
8 Scheiben Speck
Küchengarn
1/4 l brauner Fond
Cognac
Aceto Balsamico Tradizionale die Modena (Extravecchio)
Olivenöl
Pfeffer
Rosmarin
200 g Zwiebeln
50 g Butter
50 g Himbeeressig
50 g Zucker
50 g tanninbetonter Rotwein

Rosmarin auf jedes Filet legen, mit dem Speck umwickeln und mit Küchengarn festbinden. Eine Gußeisenpfanne erhitzen und die Filets darin nicht zu heiß kroß anbraten. Mit dem Cognac flambieren, mit etwa 1/8 l Fond ablöschen und einige Tropfen Balsamico dazugeben. Einmal aufkochen, danach die Filets herausnehmen, in Alufolie gewickelt warmstellen. Den Rest des Fonds in die Pfanne gießen und reduzieren.

Zwiebel und Zucker in Butter etwa 25 Minuten anschwitzen. Den Wein und den Essig zugießen, weitere 25 Minuten einkochen.

Den heißen Fond auf die Teller gießen, die vom Küchengarn befreiten Filets anrichten und mit der Zwiebel-Essig-Marmelade garnieren.

Zabaglione mit Aceto Balsamico Tradizionale di Modena

Für 4 Personen:

6 Eigelb
4 TL Zucker
2 cl Sherry
1 cl Aceto Balsamico Tradizionale di Modena
1/2 Blatt Gelatine

Eigelb schaumig rühren. Zucker mit etwas Wasser zum Kochen bringen und zur Rose abziehen. Über dem Wasserbad in den Eischaum einschlagen. Die in kaltem Wasser eingeweichte und ausgedrückte Gelatine dazugeben. Tropfenweise Sherry und Tradizionale einrühren. Vom Wasserbad nehmen und kaltschlagen. In vier Förmchen füllen und in den Kühlschrank stellen.

50 g Butter
100 g Mehl
50 g Zucker
1 Ei
1 Prise Salz

Die Zutaten zu einem Teig verrühren, auf Backpapier auslegen, so daß Kreise mit 10 cm Durchmesser entstehen. Im Ofen bei 200 °C goldgelb backen. Auskühlen lassen.

30 g geröstete Mandeln
10 g Rohrzucker
3 cl Aceto Balsamico Tradizionale di Modena

Die Teigblätter auf Teller legen, einige Tropfen Tradizionale daraufgeben, die Zabaglione daraufstürzen. Mit einer Mischung aus Zucker und geriebenen Mandeln bestreuen, gratinieren und vor dem Servieren mit dem restlichen Tradizionale abschmecken.

Sarde in Saor sind ein italienischer Klassiker, der sich zusammen mit dem Tradizionale überraschend raffiniert präsentiert

Sarde in saor mit Tradizionale

Zutaten für 4 Personen:
600 g frische Sardinen
50 g Pinienkerne
50 g Sultaninen
2 Zwiebeln

Sardinen filetieren, waschen, trocknen und in Mehl wenden. Im heißen Öl fritieren, abtropfen lassen und salzen. Zwiebeln schälen und fein schneiden, in Olivenöl weich kochen, kurz vor dem Fertiggaren einige Löffelchen Tradizionale zugeben. In eine Form die Filets einlegen, Zwiebelsauce darübergeben und gut wenden, darauf die Pinienkerne und in Wasser eingeweichte und gut ausgedrückte Rosinen verteilen. Zum Schluß mit einigen Spritzern Tradizionale abschmecken und ein bis zwei Tage in dieser Marinade lassen.

Ristorante Fini,
I-41100 Modena,
Piazzetta San Francesco,
Tel. 059/223314
Montag, Dienstag
Ruhetag

Franco Clerici und seine Brigade kochen nur auf den ersten Blick konventionell

Klassische Küchenkunst voller Finesse „Ristorante Fini"

Im eleganten Restaurant eines großen Essigerzeugers im Stadtzentrum von Modena wird traditionelle italienische Küche mit gehobenem Anspruch geboten. Der Koch, der uns die beiden Rezepte zur Verfügung gestellt hat, ist Franco Clerici.

Rinderfilet mit Aceto Balsamico Tradizionale di Modena

Zutaten für 6 Personen:

6 Filets à 150 g
100 g Butter (kalt und gewürfelt)
150 g Staudensellerie feingewürfelt
150 g Karotten feingewürfelt
150 g Porree feingehackt
Aceto Balsamico Tradizionale di Modena
7 EL Olio extra vergine di oliva
4 Knoblauchzehen
etwas Salbei, Rosmarin und Thymian
3 Lorbeerblätter
1/2 l Rinderbouillon

In einer Pfanne mit 3 EL Olivenöl die Hälfte der Kräuter und drei geschnittene Knoblauchzehen leicht anrösten. Die Gewürze und die Knoblauchscheiben aus dem Öl herausfischen und wegwerfen. Im verbliebenen Öl die Filets beidseitig insgesamt maximal drei Minuten anbraten. Dann salzen und pfeffern, in Alufolie wickeln und warmstellen.

In 4 EL Öl eine geschnittene Knoblauchzehe und das Gemüse zusammen mit dem Rest der Kräuter anschwitzen. Den Balsamico dazugeben. Die zerlassene Butter zufügen und weitere fünf Minuten bei kleiner Flamme ziehen lassen. Salzen und pfeffern. Rinderbouillon zugießen und mindestens 20 Minuten ziehen lassen.

Die Sauce passieren, die Butterstücke einmontieren, salzen und pfeffern und circa 1 Eßlöffel Balsamico beigeben. Gemeinsam mit den Filets nochmals eine Minute vorsichtig erwärmen. Servieren.

Der Tradizionale schafft es, das ziemlich blutige Filet mit der dunklen, schweren Sauce auf eine spannende Art zu verbinden und dem Gericht Leichtigkeit zu verleihen

Risotto all'Aceto Balsamico Tradizionale di Modena

Zutaten für 4 Personen:

280 g Riso arborio
50 g feingehackte Zwiebel
60 g Butter
0,8 l Gemüsebrühe
70 g gehobelter Parmesan
30 g geriebener Parmesan
Aceto Balsamico Tradizionale di Modena

In einer Pfanne die Hälfte der Butter erhitzen, die Zwiebel anschwitzen und den Risottoreis dazugeben. Für einige Minuten glasieren. Nach und nach die Gemüsebrühe dazugeben. Der Risotto soll die nächsten 20 Minuten nie zu naß, aber auch nicht zu trocken sein und immer wieder umgerührt werden. Pfeffern und vorsichtig salzen.
Den Topf vom Feuer nehmen und den geriebenen Parmesan und die restliche Butter unterrühren.
Den Risotto auf Tellern anrichten, mit dem gehobelten Parmesan garnieren und circa 10 Tropfen Balsamico pro Person darübergießen.

El Faro,
E-11500 El Puerto de Santa María,
Ctra. Fuenterrabía km 0,5,
Tel. 956/870952

Fernando Córdobe – einer der kreativsten Köche in Andalusien und nie verlegen um neue Kombinationen mit Sherry-Essig

Im Fokus der andalusischen Küche „El Faro"

Elegant und dennoch zum Wohlfühlen, mit einer formidablen Weinkarte als zusätzlichem Plus – das El Faro wird zusammen mit seinem Schwesterlokal in Cádiz zu Recht als beste Adresse genannt.

Perdices escabechadas al Vinagre de Jerez

Zutaten für 6 Personen:

6 Rebhühner
10 Knoblauchzehen
2 rote Zwiebeln
3 Lorbeerblätter
1 Zweig Thymian
5 EL kaltgepreßtes Olivenöl
50 cl Vinagre de Jerez
0,3 l Sherry Fino
1 Chillischote, 2 Gewürznelken

Die Rebhühner außen und innen gut salzen und pfeffern und verschnüren. Die gehackten Gemüse im Olivenöl anschwitzen und die Rebhühner dazugeben. Mit dem Fino und dem Sherry-Essig bedecken, falls nötig, noch etwas Wasser zufügen. Wenn die Rebhühner gar sind, kaltstellen, so daß sie mit dem Sud bedeckt sind. So halten sich die Rebhühner eine beträchtliche Zeit. Mit Salat oder gegrilltem Gemüse servieren.

Tosta de Anchoas y Boquerones sobre Alboronia

Die Alboronia ist ein sehr altes arabisches Rezept, das sich vor der Entdeckung Amerikas etabliert hat und daher ohne Tomaten und Paprika zubereitet wird. Die Unterscheidung in Anchovis und Boquerones ist nicht überall zu vollziehen, die Boquerones sind jedenfalls die kleineren, feineren Sardellen.

Zutaten für 6 Personen:

1 Zucchino
250 g Kürbis
1 Aubergine
4 Knoblauchzehen
0,1 l kaltgepreßtes Olivenöl

0,2 l Wasser
1 Lorbeerblatt
12 Anchovis in Salz
12 Boquerones, in Vinagre de Jerez eingelegt
150 g Knoblauchmayonnaise
6 Scheiben Landbrot

Für die Alboronia die Gemüse in kleine Würfel schneiden und in einen Topf mit dem Öl und dem Wasser geben. Knackig kochen und entsprechend salzen.
Die getoasteten Brotscheiben mit der Mayonnaise bestreichen. Die Alboronia obenauf geben, zuletzt die Sardellen.

Huevos con Jamón y Pisto, Crema de Queso Fresco

Zutaten für 4 Personen:
8 Scheiben Rohschinken
4 Eidotter
4 gekochte Artischockenböden, in Scheiben geschnitten und in Olivenöl mariniert
300 g Tomatenconcassée mit Vinagre de Jerez
150 g Ziegentopfen (es geht auch anderer)
80 g Queso Manchego gehobelt
Vinagre de Jerez
Olivenöl

Legen Sie je zwei Speckstreifen kreuzweise übereinander und den Eidotter in die Mitte. Umhüllen Sie diesen so kompakt wie möglich. Diese „Ravioli", die Artischocken, die abgeschmeckte Tomatensauce und den Topfen auf den Tellern anrichten. Mit den gehobelten Scheiben vom Queso Manchego garnieren und einige Spritzer einer Vinaigrette aus Olivenöl und Vinagre de Jerez darübergeben.

Stichworte zur andalusischen Essig-Küche

- Aliña: Vorspeisen und Tapas, von Salat bis Sardinen werden 5 bis 6 Stunden in Öl, Essig und Salz mariniert.
- Asado: Gegrilltes von Lamm oder Schwein, abgerundet mit Sherry-Essig.
- Bienmesabe: Kräftiger Fisch in Essig mariniert und mit Mehl in Olivenöl gebacken.
- Boquerones in Vinagre: Frische Anchovisfilets in Essig mariniert, mit Knoblauch-Petersil-Vinaigrette.
- En escabeche: Fisch, Fleisch, Gemüse werden angebraten und im eigenen Saft mit Lorbeerblatt, Pfefferkörnern, Essig, Öl und Salz mariniert.
- Gazpacho: Essig zum Abschmecken der klassischen kalten Suppe aus Tomaten und Paprika.

Huevos con Jamon y Pisto – Eigelb im Speckmantel, eine delikate Sache. Auch Krustentiere aus dem nahen Mittelmeer werden von Sherry-Essig bestens begleitet. Alt aber gut: Vanilleeis mit Essig

Essigbrätlein,
D-90403 Nürnberg,
Weinmarkt 3,
Tel. 0911/225131

Andree Köthe und Yves Ollech – zwei wackere Schwimmer gegen die Nürnberger Bratwurstflut

Zwei Essig-Gerichte mit Tradition in Süddeutschland

- Saure Zipfel
  In einem Sud aus Wasser mit Weinessig und Gewürzen (Wacholder, Salz, Koriander, Senfkörner, Thymian, Zucker) werden Zwiebelringe gekocht und frische Nürnberger Bratwürste bei mäßiger Hitze 10 Minuten ziehen gelassen. Mit den Zwiebeln aus dem Sud, Laugenbrezeln und Weißbier servieren.
- Saure Linsen
  Eingeweichte Linsen in ungesalzenem Essigwasser kochen. Schalotten in Butter andünsten, feingehackte Sellerie, Karotten und Petersilienwurzel dazugeben, mit Most-, Apfel-, Apfelbalsam- oder Bieressig ablöschen und einkochen lassen. Linsen und Majoran dazugeben, abschmecken – eventuell Sauerrahm unterheben.

Von der Sinnlichkeit der Gewürze „Essigbrätlein"

Andree Köthe und Yves Ollech haben auch schon ein Kochbuch mit Aromenspielereien herausgegeben. In ihrem Gasthaus – dem ältesten Nürnbergs – setzen sie einen erfrischenden Kontrapunkt zur traditionellen Bratwurstdominanz.

Gratinierte Curry-Nuß-Tarte mit Granatapfelsauce

Für 4 Personen:

75 g Blätterteig
Puderzucker
Zucker
brauner Zucker, fein gemahlen
150 g Joghurt
125 g Crème double (ersatzweise Crème fraîche)
75 ml Milch
1/4 l Obers/Sahne
1 Eigelb
1 1/2 Blatt Gelatine
50 g Pecannüsse
1/2 Vanillestange
Zimt
1/2 Teelöffel edelsüßer Paprika
1/2 Teelöffel Currypulver
2 Granatäpfel
P. X. Edelsauer, Gegenbauer (ersatzweise Apfelbalsamessig)

Blätterteig mit 1 EL Puderzucker ausrollen. Bei 180 °C ca. 7 Minuten goldbraun backen. Den Teig dabei mit einem Gitter beschweren. 4 Böden von ca. 8 cm ausstechen.
Joghurt und Crème double mit 1/2 TL Puderzucker und einer Prise Zimt verrühren. Eine größere Form ca. 6 mm hoch mit dieser Masse befüllen und einfrieren. 4 Scheiben von 8 cm ausstechen und wieder einfrieren.
Milch mit 1/2 Vanillestange aufkochen. Die Gelatine in kaltem Wasser einweichen, Eigelb mit 10 g Zucker cremig schlagen, mit der Vanillemilch im Wasserbad dicklich aufschlagen. Die ausgedrückte Gelatine zugeben und kaltrühren. Sahne/Obers schlagen und unterheben.

Granatapfelkerne mixen und durch ein Tuch drücken. Den Saft auf ca. 6 cl einkochen, abkühlen und mit dem Essig vermengen. 45 g Zucker karamelisieren, mit Nüssen und Gewürzen vermengen. Abkühlen lassen und die Nüsse voneinander trennen.
Die Teigböden mit etwas Creme bestreichen (leichter geht dies mit einem passenden Ausstecher), Nüsse daraufgeben, wieder mit etwas Creme bedecken. Obenauf die gefrorene Joghurtscheibe legen, mit braunem Zucker bestreuen und mit einem Gasbrenner (brutal, aber wirksam) goldgelb gratinieren. Tarte auf Teller setzen und mit der Sauce garnieren.

Essigeis mit gegrilltem weißem Pfirsich

Für 4 Personen:
1/4 l Milch
1/2 l Sahne/Obers
90 g Zucker
Puderzucker
6 Eigelb
Pfirsichbalsamessig
4 weiße Pfirsiche
0,1 l Sonnenblumenöl
Zitronengras
1 Vanilleschote
1 TL grob zerstoßener Anis

Würzig und gewagt – ganz im Stil des Nürnberger Essigbrätleins

Milch, Sahne/Obers und die längs aufgeschnittene Vanillestange aufkochen. Eigelb und Zucker schaumig schlagen. Die heiße Vanillesahne dazugeben und über dem Wasserbad dicklich aufschlagen. Abkühlen lassen und 4 cl Essig dazugeben. Im Kühlfach oder in der Eismaschine einfrieren. Drei Halme Zitronengras kleinschneiden. Mit Sonnenblumenöl bedecken, erhitzen und 2 Stunden ziehen lassen. Die Pfirsiche enthäuten und vierteln. 2/3 davon im Zitronengrasöl marinieren. Den Rest pürieren und durch ein Tuch drücken. Den Saft mit 2 cl Essig abschmecken. Die Pfirsichstücke aus dem Öl nehmen, mit Puderzucker und Anis bestreuen und so schnell grillen, daß sie innen noch kühl sind.
Das Eis in der Tellermitte anrichten, ringsherum die Pfirsichstücke. Mit der Sauce garnieren.

Vom Reiz des Reduzierten „Taubenkobel"

Walter Eselböck zählt zu den innovativsten Köchen Österreichs. Viele seiner Rezepte leben von einer bezwingenden Einfachheit und besten Zutaten. Auch bei den hier vorgestellten Gerichten bleiben die Aromen der Ingredienzien sehr authentisch erhalten.

Bohnensuppen gelten üblicherweise als rustikal und plump. Diese Variante jedoch gewinnt durch die Beigabe von Essig sowohl Leichtigkeit wie Finesse

Bohnensuppe

Für 4 Personen:

250 g weiße Bohnen
4 Schalotten
1 Karotte
1 EL Weißweinessig
1/2 l Hühnerfond
1/8 l Obers
Butter
2 EL Hühnerfett
Majoran
weißer Pfeffer
Rosmarin
Knoblauch

Die Schalotten in feine Streifen schneiden und im Hühnerfett anglasieren, mit dem Essig ablöschen. Die mit Knoblauch, Rosmarin und der Karotte in Salzwasser weichgekochten Bohnen beigeben und mit Hühnerfond auffüllen. Aufkochen lassen und Obers dazugießen. Mit dem Mixstab die Butter einarbeiten, ohne Zwiebel und Bohnen zu stark zu zerkleinern. Mit frischen Majoranblättern bestreuen.

Saibling sauer

Für 4 Personen:

2 Saiblinge à 500 g
1 Salatgurke
300 g Blattspinat
4 Schalotten
100 Gramm Saubohnen
1/4 l Hühnerfond
250 g frische Tagliatelle

Olivenöl
Rotweinessig
1/8 Butter
Koriander
Pfeffer

Saiblinge filetieren und entgräten, vorsichtig salzen und pfeffern, zu einem Knoten formen und kaltstellen. Die Gurke schälen und der Länge nach halbieren, entkernen, fein schneiden, einsalzen und nach zwei Stunden mit einem Küchentuch ausdrücken. Für die Garnitur 5 cm lang geschnittene Gurkenstreifen beiseite legen.

Für die Sauce die Schalotten fein schneiden und in Olivenöl weich dünsten. Mit Rotweinessig ablöschen und einkochen lassen. Hühnerfond aufgießen und auf die Hälfte reduzieren. Die würfelig geschnittene Butter mit dem Stabmixer in die Sauce einmontieren. Mit Salz, Pfeffer und zerstoßenem Koriander abschmecken.

Nudeln in Salzwasser garen.

Butter in einer Stielkasserole schmelzen, den Blattspinat zugeben und durchschwenken. Die zuvor weichgekochten Saubohnen und die Gurkenstücke beigeben. Salzen und pfeffern.

Die Saiblingsfilets drei Minuten über Wasserdampf garen.

Das Gemüse auf Tellern verteilen und die in Butter geschwenkten Nudeln in die Mitte setzen. Einen Teil Sauce über die Nudeln geben und die Filets daraufsetzen, mit der restlichen Sauce nappieren.

Taubenkobel, A-7081 Schützen am Gebirge, Hauptstraße 33, Tel. 02684/2297 Montag und Dienstag Ruhetag

Walter Eselböck – er führt die Regionalküche zurück zu ihren Wurzeln und hat gleichzeitig keine Berührungsängste vor Exotischem

Ein zart gegartes Saiblingsfilet kombiniert Walter Eselböck hier mit frischen Gemüsen und einer Sauce, die erst durch den Rotweinessig spannend wird

Obauer,
A-5450 Werfen,
Markt 46,
Tel. 06468/52120

Die Verkettung von Aromen mit Dreifachnutzen à la Karl und Rudi Obauer: „Den Essig, in dem die Ananas eingelegt wurden, verwenden wir weiter zum Einlegen von Wachteleiern und schließlich als Würze für den Hummer."

Yin und Yang in den Alpen „Obauer"

„Je mehr Erfahrung wir haben, desto puristischer können wir sein." Die beiden Brüder Obauer sind Exzentriker in jeder Richtung, im Simplen wie im Komplexen – beides ist gleichermaßen spannend.

Topfen-Krautwickler mit Vogelbeeressig

Für 4 Personen:

1 Chinakohl
200 g Zucchini
200 g Auberginen
4 Schalotten
2 Knoblauchzehen
250 g Austernpilze oder Champignons
250 g Ricotta oder Topfen/Quark
150 g Hühnerfleisch
Olivenöl
Thymian
Vogelbeeressig (Gegenbauer)

Gemüse klein schneiden und Olivenöl anschwitzen, bis das Wasser verdampft ist. Mit dem Topfen bzw. Ricotta vermengen, salzen und würzen und jeweils einen Eßlöffel davon in ein Kohlblatt wickeln. Mit Zahnstochern fixieren.

In einer Kasserole mit feuerfestem Griff die Pilze, Schalotten und Knoblauch in Olivenöl anschwitzen. Mit Thymian, Salz und Pfeffer würzen. Mit Vogelbeeressig ablöschen. Die Kohlrouladen dazugeben und im vorgeheizten Rohr bei ca. 200 °C ca. 15 Minuten garen. Eventuell mit in Essig eingelegten Vogelbeeren garnieren.

Essig im frisch-pikanten Gewand von Chutney mit Salzburger Kuhfrischkäse

Lungauer Kuhfrischkäse mit Ananas-Chutney

Für 1 kg Ananas-Fruchtfleisch:

je 1/2 kg Kristallzucker plus Gelierzucker
Apfel- oder Weißweinessig
10 Nelken
Zimtrinde
10 dag Ingwer, blättrig geschnitten
Sternanis
Kardamom (ganz wenig)
zwei längst halbierte Vanilleschoten
etwas grob geschroteter Pfeffer

Ananas in grobe Würfel schneiden, mit Apfel- oder Weißweinessig bedecken und einen Tag stehen lassen. Essig abseihen (kann vielfach weiterverwendet werden). Alles miteinander kochen.

Käse in dekorative Stücke schneiden, mit Ananas-Chutney garnieren und eine dünne Scheibe Kletzenbrot (Früchtebrot mit getrockneten Birnen) dazugeben.

Das verrückte Rezept für diesen „Gemüsevulkan“ mit Topinamburpudding, Artischockenpüree, Avocadocreme und in Rotweinessig eingelegten Auberginen würde den Umfang dieses Kapitels sprengen, ist aber auf Anfrage bei den Autoren erhältlich (christa.hanten@aon.at)

Die saure Konserve – in Essig Eingelegtes

„So, jetzt bin ich aber gespannt, was passiert. Man hat uns aus dem Frachtraum ausgeladen und in dieses riesige Geschäft gebracht. Ein richtiger Einkaufstempel. Und die vielen Menschen hier, die sehen ganz anders aus als die, wo ich herkomme. Die seltsamen Schriftzeichen auf den Regalen rundherum kann ich auch nicht entziffern. Wo bin ich eigentlich? Na endlich jemand, den ich kenne ..."

Der Wiener Gurkenprinz und Spezialist für Eingelegtes – Hans Staud

Pikante Memoiren eines Pfefferoni

Hans Staud, der österreichische Sauerkonserven- und Marmeladen-Hersteller par excellence, ist wieder einmal als Botschafter österreichischer Top-Produkte unterwegs, diesmal im japanischen Food-Handelshaus Meidi-Ya, einem der wichtigsten Exportpartner. Der verunsicherte Ölpfefferoni, der wie viele seiner Brüder im fernen Osten gelandet ist, hätte sich das auch nicht träumen lassen, als er in der heißen pannonischen Sonne auf seinem Feld im Burgenland herangewachsen ist. Bestens betreut von einem Landwirt, der nach den strengen Richtlinien der integrierten Produktion wirtschaftet. Doch nur solche haben eine Chance, ihre Ware an Hans Staud zu liefern.

„Wir verarbeiten nur tagesfrische Ware, sozusagen in Marktqualität. Was um sechs Uhr gebrockt wird, muß um zwei Uhr eine Marmelad' sein oder im Tiefkühler." Speziell bei den Früchten für die gezählten 62 Sorten seiner feinen Marmeladen legt der studierte Betriebswirt die Latte hoch. Immerhin verlassen Jahr für Jahr drei Millionen Gläser den Stammsitz im 16. Wiener Gemeindebezirk. In einer schmalen Straße in unmittelbarer Nähe des traditionellen Brunnenmarktes versteckt sich die beengte Produktionsstätte – auch das Mini-Büro des umtriebigen Unternehmers platzt mittlerweile aus allen Nähten. Ordner stapeln sich bis zur Decke, auf Stühlen, Regalen und am Boden herrscht ein malerisches Durcheinander von Flaschen und Gläsern diverser Konkurrenzprodukte. Der saure Teil der Produktion wurde vor einiger Zeit in das Burgenland ausgelagert, wo die Gemeinde Stegersbach zur neuen Heimat des „Gurkenprinzen" geworden ist – so der Name eines der beliebtesten Produkte aus dem Hause Staud.

Ständige Markt-Forschungen

Ein Tüftler ist er schon, der Hans Staud. Und er will auch den Hintergründen von Geschmackserlebnissen genau auf die Spur kommen, um neue Produkte entwickeln zu können, die den Konsumenten eben noch mehr ansprechen. „Wenn etwas nicht zu scharf und nicht zu sauer ist, eß ich auch mehr. Und wenn die Gläser klein und appetitlich sind, kaufen die Leute auch einmal eins mehr zum Ausprobieren." Gerade

Wiener Herz für Saures – Mama Staud in ihrem Element. Der Stand am Brunnenmarkt ist ein Stück altes Wien mit viel junger Kundschaft

die Zielgruppe der „Wochenendfrühstücker" studiert Hans Staud genau. Wozu er am familieneigenen Verkaufsstand am nahegelegenen Brunnenmarkt mehr als gute Gelegenheit hat.

Vergnüglich zu beobachten, wie Mama Staud – eine weißhaarige ältere Dame mit dem richtigen Wiener Schmäh – den Laden schupft, sich mit den alten Stammkunden über die Ereignisse der letzten Woche unterhält, das junge Publikum sachkundig von den Vorzügen der süßen oder sauren Spezialitäten überzeugt, dazwischen flink die Gläser und Flaschen in Zeitungspapier wickelt. Und der frischgepreßte Karottensaft ist sowieso ein Renner, besonders am Samstag vormittag, wo der Marktstand zum richtigen Treffpunkt geworden ist.

So urtümlich und familiär aber der Betrieb auch wirken mag, seine wirtschaftliche Bedeutung ist nicht zu unterschätzen. Mit nur 25 Mitarbeitern werden 54 Millionen Schilling Umsatz gemacht, und 40 % des Sortiments werden exportiert.

Neben Deutschland, der Schweiz, Belgien, Großbritannien und USA ist Japan einer der wichtigsten Partner, „dort darf das Produkt allerdings nicht so essigsauer vergoren sein, denn die Japaner sind die milderen, milchsauer vergorenen Produkte gewöhnt – am beliebtesten ist dort das Sauerkraut".

Das Geheimnis des Einlegens

Beim sauer Eingelegten sind es fünf Faktoren, die für die richtige Abrundung und den pikanten Geschmack sorgen: der Essig, die Süße, das Salz, die Gewürze und das Wasser. Beim Konsumenten ist in den letzten Jahren eine deutliche Geschmacksveränderung zu beobachten, früher war man mehr auf der sauren Seite, heute eher auf der süßlicheren. Diese Vorlieben spielen natürlich auch bei der Auswahl des richtigen Essigs eine große Rolle. Da aber erst durch die richtige Kombination aus Salz und Zucker mit Gewürzen ein komplexes Produkt entsteht, spielt der Essig bei den Sauerkonserven geschmacklich eher eine untergeordnete Rolle – will heißen, daß es sich um neutrale Vertreter ihrer Familie handeln sollte, etwa Branntweinessig. Versuche mit Weinessigen und Spezialitäten hat Hans Staud großteils wieder ad acta gelegt.

„Einspruch, Einspruch – stimmt ja gar nicht. Die Essigdusche aus Schilcheressig bringt doch die Zellerblätter und die getrockneten Tomaten erst richtig zur Geltung, die man mir mit ins Glas gegeben hat. So eine richtig spannende Mischung, daß einem das Wasser im Mund zusammenläuft!" Unser Ölpfefferoni hat natürlich recht – sicher gibt es immer wieder solche Spezialitäten, nur der Großteil der Konsumenten liebt es eben geschmacksneutraler. Hans Staud bringt es auf den Punkt: „Die Kunden, die jahrelang beim selben Sauerkräutler eingekauft haben, haben auch den Geschmack seiner Produkte als den ihren definiert. Und so schnell stellen die sich auch nicht um."

„Schönes transparent konservieren"

Sauerkräutler – von denen es vor 25 Jahren noch 90 in Wien gab, deren Funktion aber immer mehr von den Supermärkten übernommen wurde – war der Hans Staud allerdings

„Man kann vom Konsumenten nicht verlangen, daß er irgend etwas weiß. die meisten glauben, die Gurke wächst im Regal."

selbst nie einer. Der Familienbetrieb beschäftigte sich seit 1883 über drei Generationen mit dem Handel von Obst und Gemüse, bis der junge Absolvent der damaligen Hochschule für Welthandel sich 1971 aufs Veredeln verlegte. Schon damals mit der bis heute gültigen Zielsetzung, „edle Produkte herzustellen, die Schönes transparent konservieren". Und schön anzusehen sind die sauren Sachen allemal, ob es sich um „crispy" Spargelstangen handelt, Rote Rüben mit Ingwer, bunten Krautsalat, Knoblauch, Paprika mit Kraut gefüllt, Senfgurken, einen Alt-Wiener Gurkentopf mit Ingwer und 16 anderen feinen Gewürzen, Silberzwiebeln, milde Ölpfefferoni oder ihre scharfen Brüder – und Gurken in allen Größen und Varianten, den Top-Seller des Staud-Sortiments.

„Das Gurkerl ist das Produkt, noch vor den Roten Rüben, dem Kraut und dem Ölpfefferoni. Je kleiner die Gurke ist, desto intensiver muß sie schmecken – bei einem Cornichon will man mit einem kleinen Bissen eben den Mund voll Geschmack." Auch auf der Suche nach geschmacksintensiven Rohprodukten ist Hans Staud unermüdlich. Jahrelang gab es den Trend, Gemüse in besonders ertragreichen Varianten zu züchten, was auch von den Handelsketten forciert wurde, weil diese eben Gemüse brauchen, das nach der Ernte relativ lang haltbar ist – aber eben nicht so gut schmeckt.

„ ...mmmhhh, wie der schmeckt, fein und mild und doch mit einer pikanten Schärfe, daß man gar nicht genug kriegen kann. Ich glaub, ich muß noch einen essen ..." Die hübsche, junge Japanerin, die gerade dabei ist, ein Österreich-typisches Essen vorzubereiten, kann sich gar nicht losreißen von den Staudschen Ölpfefferoni.

Eine weitverzweigte Familie

Unser Ölpfefferoni hat aber noch eine Menge anderer Verwandter, darunter einen schmackhaften Vetter, der vielleicht nicht so weit gereist ist, aber etwas ganz Besonderes: nämlich eine

Das saure Spektrum von Erwin Gegenbauer hat viele Facetten

Gurke, die nicht in irgendeinem Essig schwimmt, sondern in ihresgleichen – in Essig, der aus vergorenen Gurken hergestellt wurde. Dieser geschmackliche Gleichklang aus Frucht und „Milieu" ist einem anderen Produzenten ein großes Anliegen: Erwin Gegenbauer. Mit viel Engagement und trotz des Wissens um den großen Erklärungsbedarf bei den Kunden hat er sich an diese gewagte Sache gemacht und bietet nun eine einzigartige Palette von „reinen Aromen" – Feigen in Feigenessig, Rote Rüben in Rote-Rüben-Essig, Gurken in Gurkenessig etc. Diese Produkte sind ausgezeichnet, wobei allerdings speziell die kleinen Gurken, die man einfach anders gewohnt ist, eben nicht der eingeprägten Geschmackserinnerung entsprechen. Doch sie haben ein dezentes Aroma, einen eigenwilligen Charakter und einen überraschend langen Nachgeschmack. Das imponiert.

Natürlich ist Gegenbauers Linie eine ganz andere als jene von Hans Staud, aber beide sind ebenbürtige Spezialisten. Jeder von ihnen legt äußersten Wert auf gute Grundprodukte, doch der eine verfolgt die traditionellere Richtung des Geschmacks, während der andere puristisch orientiert ist – er sucht das möglichst authentische Aroma. Und dafür ist Essig wie geschaffen, denn in fast keinem anderen natürlichen Konservierungsmittel bleiben die Aromen so gut erhalten. Immerhin wissen das nicht nur die Sauerkräutler aus dem deutschsprachigen Raum seit Jahrhunderten, sondern viele andere auch, etwa die Italiener, die von Sardellen bis Steinpilzen eine ganze Menge „sott'aceto" einlegen.

Der saure Trend – vom Produkt ohne Image zum Zaubertrank

Trends kommen und gehen. Der Essig bleibt, denn er ist so selbstverständlich wie einzigartig. Nach dem Apfelessig-Boom kam der Balsamico. Neuerdings werden die Fruchtessige salonfähig. Wie vielfältig Essig ist und wie eng er mit Alltag und Genuß verwoben ist, sollen einige pikante Gedankenspritzer aus der Essigwelt zeigen.

Keine Ausrede mehr – gute Essige gibt es auch im Lebensmittelhandel

Der saure Kontrapunkt – Fruchtessig in den Sekt oder Tradizionale zum Vanilleeis

Selbst abgefüllt in der „Essig-Parfümerie" um die Ecke

Der „gesunde" Essig

- Dem Apfelessig wird eine besondere Heilkraft zugeschrieben. Der Boom der vergangenen Jahre hat allerdings selbst die Essigproduzenten überrascht. Bei Hengstenberg etwa hat sich der Umsatz innerhalb von vier Jahren verdreifacht und für gute Gewinne gesorgt. Die Welle ist zwar wieder im Abklingen, doch Essig als Zaubertrank ist nach wie vor ein Thema.
- Der Ausgangspunkt dieses Trends ist das Buch „5x20 Jahre leben" des amerikanischen Facharztes Dr. Jarvis. Das Erscheinen seines Buches hat er nicht mehr miterlebt und beim Erstellen des Manuskripts, das erst 13 Jahre nach seinem Tod veröffentlicht wurde, vermutlich nichts von dessen Erfolg geahnt.
- Die dem Essig nachgesagte Heilwirkung klingt aus vielen Büchern etwas übertrieben, doch kann man davon ausgehen, daß man es seit jeher verstanden hat, seine unzweifelhaft positiven Wirkungen auf den menschlichen Organismus zu nützen. Vor allem drei Dinge sind es, die Essig zum natürlichen Heilmittel gemacht haben:
  - er ist keimtötend
  - er fördert den Stoffwechsel und regt die Verdauung an
  - er enthält wichtige Vitamine, Aminosäuren, Mineralstoffe und im Falle von Apfelessig auch Pektin

Das Aperitif-Animo: Jedes gute Essen braucht Vorbereitung – auch innerliche. Ein Gläschen Essig als Aperitif gekippt, macht Lust auf die kommenden Tafelfreuden. Spezielle Produkte enthalten bereits Honig und appetitanregende Gewürze und sind mild in der Säure. Auch als belebende Beigabe zu Sekt & Co ist Essig gut – vor allem die aromatischen Fruchtessige.

Der Balsamico-Boom: Balsamico galt schon vor 500 Jahren als edel. Jetzt ist der Tradizionale wieder im Aufwind. Und in seinem Windschatten schippern unzählige Produkte, vor denen man sich eher in Acht nehmen sollte. Auch Balsamessige aus Früchten und Trauben sind durch ihre geschmeidige Fruchtsüße und gezähmte Säure immer beliebter, speziell der Apfelbalsam. Balsamessige sind vielfältig mit Speisen kombinierbar.

Der bequeme Bürger: Convenience nennt man die „vorgefertigte Küche". Auch Essighersteller wissen von deren Beliebtheit: Hengstenberg unterstützt den Trend durch Vollwürzessig, eine klassische Salatwürze, bei der nur noch das Öl fehlt.

Die Bio-Bewegung: Essig aus Bio-Äpfeln oder Bio-Pflaumen – um möglicherweise Gesundes noch gesünder zu machen. Manche Hersteller versuchen aber auch, sich ein Bio-Mäntelchen umzuhängen und mit Angaben wie „biologisch vergoren" zu locken. Die Essiggärung ist aber grundsätzlich ein natürlicher, biologischer Prozeß. Bio-Essige unterscheiden sich daher in erster Linie durch den biologischen Anbau der Ausgangsprodukte und zusätzliche Kontrollen der EU-Aufsichtsbehörde.

Der Digestif-Dauerbrenner: In Modena ist es seit Jahrhunderten beliebt. Das Löffelchen Tradizionale zur besseren Verdauung.

Das exotische Element: Die „(Con)Fusion-Küche" blüht. Obgleich sehr spannend, treibt sie manchmal auch seltsame Blüten. In der süß-sauren Küche ist Essig ein seit jeher bestimmendes Element. Die nächste Welle ist auch schon im Anrollen, der Pacific-Trend.

Das geile Geschenk: Essig schmeckt besser und ist haltbarer als jeder Blumenstrauß. Und dekorativ sind die vielen Designerflaschen allemal.

Die kreativen Klassiker: Rheinischer Sauerbraten und Wiener Beuschel sind nicht denkbar ohne Essig. Mit der Renaissance der klassischen Essigtypen, wie etwa Mostessig, erleben auch diese Gerichte einen aromatischen Aufschwung.

Der Kulinarik-Kult: Essig-Sprühfläschchen aus Edelstahl und fragile Glasflakons gehören zum Werkzeug eines ambitionierten Hobby-Gourmets. Restaurants, die auf sich halten, verwöhnen den Gast mit einer ganzen Palette an Essigtypen. Den Salat oder die Gänseleber besprüht der Feinschmecker nach Belieben.

Die Markt-Manie: Über Märkte schlendern und sich Öl, Wein oder Destillate aus Glasballons abfüllen zu lassen und aus kleinen Fäßchen Essig zu verkosten macht das Einkaufen wieder lustvoll und entspannend.

Die saure Show: Es gibt Informationsbedarf zum Thema Essig. Essigmacher, die auf ihre Produkte stolz sind, sind selbst die besten Botschafter für das saure Milieu. Ob sie Essigmenüs kommentieren oder überall auf der Welt Spezialitäten-Verkostungen abhalten – wissens„durstiges" Publikum ist ihnen gewiß.

Das Supermarkt-Sortiment: Feine Essige und sauer eingelegte Delikatessen verschaffen sich zusehends Platz auch in den Supermarktregalen.

Süßsaure Substitute: Erfolg zieht Nachahmer an wie Essig die Essigfliegen. Balsamico steht auf vielen Flaschen, wo nur süß-saure Industrieware drin ist. Der neueste Gag: Balsamico bianco – er macht keine häßlichen Flecken mehr.

Der Weinessig der Winzer: Immer mehr Topwinzer lassen aus ihren Weinen als reizvolle Komplettierung der Palette Essig vergären – einige wenige machen es auch selbst.

- Wie immer gehen die gerade aktuellen Lehrmeinungen einmal in die eine, das andere Mal in die andere Richtung. Es sei nur erwähnt, daß der angesehene Dr. Bircher-Benner, der Promotor des Bircher-Müeslis, den Konsumenten in den 60ern riet, weniger Essig zu verwenden und statt dessen Zitrone, weil diese gesünder sei. Die heute vertretene Ansicht ist, daß Essigsäure besser verträglich ist als Zitronensäure.
- Bizarre Ratschläge in unzähligen Essig-Büchern, wie Dattelessig gegen Hämorrhoiden, sind vermutlich nicht ganz ernstzunehmen.

Glossar

Acetaia ist die geschützte Bezeichnung für die Herstellungsstätten von Aceto Balsamico Tradizionale in der Region Modena und Reggio.

Acetator ist ein Gerät zur Fermentation des Weins zu Essig mit dem submersen Verfahren.
(siehe „Die nicht faßbare Bakterie und ihr Eigenleben")

Acetobacter nennt man wissenschaftlich korrekt die verschiedenen Arten der Essigbakterie.
(siehe „Die nicht faßbare Bakterie und ihr Eigenleben")

Agridulce ist die Bezeichnung für ein spanisches, essigähnliches Würzmittel, wobei Weinessig mit frischem Most oder Mostkonzentrat angereichert wird. Geschmacklich liegen solche Produkte auf der süß-sauren Linie und haben meist keinen sehr hohen qualitativen Anspruch – was nicht immer auch beim Preis der Fall ist.

Albariza heißt der Boden, in dem 95 % der andalusischen Reben stehen. Er trocknet in den heißen Sommern zwar oberflächlich aus, ist aber in der Tiefe ein guter Wasserspeicher. Der Rest der Rebflächen sind Barros und Arenas, auf dem Pedro Ximénez gedeiht.

Albero ist der sandige, ockerfarbene Boden in den spanischen Bodegas, der im Sommer mit Wasser besprüht wird, um die Verdunstung des Essigs zu vermindern. Es ist derselbe Boden, der auch in den Stierkampfarenen zu finden ist.

Amontillado: siehe Sherry-Wein

Añada ist sozusagen der „Heurige" beim Sherry-Essig, also der Essig aus dem Grundwein der letzten Ernte. Von Februar bis Juni erfolgt die Fermentation des Grundweins zu Essig.

Balsamessig basiert auf eingekochtem Fruchtsaft oder Traubenmost und zeichnet sich durch karameligen Geschmack und konzentrierte Süße aus.

Batteria ist eine klassische Faßreihe zur Reifung von Aceto Balsamico Tradizionale. Sie besteht meist aus verschiedenen Holzarten und umfaßt eine Skala von gewöhnlich 75 bis 10 Litern.

Branntweinessig ist die Basis für viele einfachere Essige. Der Grundstoff wird durch Destillation aus Agrarrohstoffen gewonnen. Für die Veressigung wird der mit Essig vergällte hochprozentige Branntwein mit Wasser verdünnt.
(siehe „Die nicht faßbare Bakterie und ihr Eigenleben")

Consejo Regulador heißt der Kontrollrat für die Einhaltung der Qualität der Weine, Brandys und Essige und zum Schutz der Marke in der Region Jerez.

Consorzio Produttori di Aceto Balsamico Tradizionale di Modena und Consorzio Aceto Balsamico Tradizionale di Reggio Emilia sind die beiden Institutionen, die die Produktion der jeweiligen Essige überwachen, die Endprodukte überprüfen und jeweils auch selbst abfüllen.

Condimento Balsamico heißt eigentlich Speisewürze und taucht auf diversen Etiketten auf. Durch ein spezielles thermisches Verfahren wird der Most auf ein Drittel eingedickt und lagert in Fässern. Das Produkt imitiert den Tradizionale, wird aber günstiger hergestellt und in der Regel nur bis zu zwei Jahre gereift.

Criadera sind die „Kinder der Mutter Solera" und damit die weiteren Faßreihen über der auf dem Boden liegenden, Solera genannten.

Crianza ist die Bezeichnung für einen Sherry-Essig, der mindestens sechs Monate im Solerasystem gereift wurde.

Essigmutter ist eine Ansammlung von Essigbakterien, die durch die Produktion von Zellulose ein zusammenhängendes Gebilde entstehen lassen. Dies geschieht bei der offenen Gärung des Weins an der Oberfläche, kann aber auch in der Flasche passieren, wenn Luftsauerstoff und Spuren des Restalkohols im Essig die Bakterien zu neuem Leben erwecken.

Fino: siehe Sherry-Wein

Oloroso: siehe Sherry-Wein

Orléansverfahren ist der Name der ältesten industriellen Essigerzeugungsart. Bei diesem auch Oberflächenverfahren genannten Vorgang kommt Wein in großen, offenen Bottichen durch Luftkontakt von selbst zur Gärung.
(siehe „Die nicht faßbare Bakterie und ihr Eigenleben")

Palomino Fino ist die mit 90 % bedeutendste Traubensorte im Sherry-Anbaugebiet.

Pedro Ximénez ist die Rebsorte für Weine einer süßlichen Stilistik. Dabei werden die Trauben nach der Ernte auf Strohmatten unter Sonneneinwirkung getrocknet, um die Zuckerkonzentration zu erhöhen.

Reserva ist die Bezeichnung für einen Sherry-Essig, der mindestens zwei Jahre im Solerasystem gereift wurde.

Sherry-Wein
Der Grundwein hat 13 % Alkohol und wird nach Abschluß der Gärung je nach gewünschter Stilistik mit hochprozentigem Branntwein verstärkt (Fino hat schließlich 15 %, Amontillado 17 %, Oloroso 19 %). Fino ist immer hell und relativ reduktiv, da er durch eine sogenannte Florhefe gegen Oxidation geschützt ist; bei den anderen beiden Typen wird die Florhefe durch den höheren Alkoholgehalt zerstört – dadurch entstehen bewußt oxidative Weine. Die Typen Pale und Cream entstehen durch Zugabe von Süßweinen aus der Pedro-Ximénez-Traube. Die für die Herstellung von Sherry zugelassenen Rebsorten sind Palomino de Jerez, Palomino Fino, Pedro Ximénez sowie Moscatel.

Submerses Verfahren ist ein Verfahren zur Essigerzeugung, bei dem die Bakterien direkt in der Maische in Schwebe gehalten und über eine Belüftungsturbine am Boden des

Gefäßes mit Luft versorgt werden. Diese Methode, die bis vor wenigen Jahren nur von industriellen Erzeugern eingesetzt wurde, ist jetzt auch Kleinproduzenten zugänglich. (siehe „Die nicht faßbare Bakterie und ihr Eigenleben")

Solera ist die unterste Faßreihe des für Andalusien typischen Reifungssystems, das nicht nur die Sherry-Weine und die Sherry-Brandys, sondern auch die Sherry-Essige durchlaufen. Man nennt das Ganze auch Solera-System. Der Name Solera stammt vom Wort suelo (spanisch für Boden).

Spanbildner sind aufrechte Holzgefäße zur Essigerzeugung, befüllt mit Buchenholzspänen, die als Siedlungsfläche für die Essigbakterien dienen. (siehe „Die nicht faßbare Bakterie und ihr Eigenleben")

UHU-Ton nennt man den an Klebstoff erinnernden Geruch eines Essigs, der entsteht, wenn bei der Reaktion von Alkohol mit Sauerstoff Essigsäureethylester gebildet wird. (siehe „Die nicht faßbare Bakterie und ihr Eigenleben")

Venencia ist ein länglicher, zylindrischer Edelstahlbecher an einer flexiblen Rute, mit der man durch das Spundloch des Fasses eine Probe aus demselben entnimmt und sie in möglichst weitem Bogen hochzieht. Beim schwungvollen Eingießen in das Kostglas wird der Essig stark mit Sauerstoff durchmischt, was seinen Duft fördert. Diese Kunst des „Einschenkens" wird auch bei Sherry-Weinen und Sherry-Brandys zelebriert.

Verjus ist eine traditionelle Würze aus Südfrankreich. Unreif geerntete Trauben werden dafür vergoren und mit frischem Traubenmost versetzt. Diese Produkte haben meist einen sehr simplen Charakter.

Bezugsquellen

Fachhandel

Deutschland

KadeWe (Kaufhaus des Westens)
D-10789 Berlin, Tauentzienstraße 21–24, Tel. 030/21210

Brutti e Buoni
D-12163 Berlin, Feuerbachstraße 62, Tel. 030/8553605

Traiteur Wille Brass
D-22301 Hamburg, Gottschstraße 13, Tel. 040/274966

Feinkost Heinrich Abelmann
D-27572 Bremerhaven, Am Schaufenster Halle 4 Ab. 3,
Tel. 0471/97222

Gourmethek
D-27624 Elmlohe, In der Hörn 14, Tel. 04707/930085

Antjes Kaaswinkel
D-28199 Bremen, Pappelstraße 98, Tel 0421/502121

Feinkost Backhaus
D-30175 Hannover, Königsstraße 49, Tel. 0511/345028

Frank Kumm
D-30457 Hannover, An der Kirche 12, Tel. 0511/432641

gisy vino
D-30655 Hannover, Groß-Buchholzer Kirchweg 72b,
Tel. 0511/5463434

Schluckspecht Weinhandlung
D-34119 Kassel, Pestalozzistraße 17, Tel. 0561/12628

Antonio Viani Importe
D-37079 Göttingen, Robert-Bosch-Breite 17, Tel. 0551/505510

Harald L. Bremer GmbH – La Fattoria
D-38104 Braunschweig, Efeuweg 27, Tel. 0531/237360

Epicerie fine
D-40223 Düsseldorf, Dürener Straße 42, Tel. 0211/154281

Bos Food
D-40477 Düsseldorf, Tußmannstraße 67, Tel. 0211/486081

Saitta
D-40545 Düsseldorf, Barbarossaplatz 2, Tel. 0211/588880

Il Vin Olio
D-44135 Dortmund, Graf-Haeseler-Straße 2, Tel. 0231/551080

FUB Fegers & Unterberg & Berts
D-50667 Köln, Heumarkt 55, Tel. 0221/9259300

Aceto – essig, öl und mehr
D-50672 Köln, Friesenwall 28, Tel. 0221/9255356

Olive e più
D-50825 Köln, Ennenstraße 2a, Tel. 0221/5509142

Salpicon
D-53111 Bonn, Dorotheenstraße 70, Tel. 0228/659906

Bauer Öl & Essig
D-53115 Bonn, Meckenheimer Allee 65, Tel. 0228/638218

Balsamico
D-53123 Bonn, Rochusstraße 131, Tel. 0228/797991

Feinkost Ackermann
D-53129 Bonn, Quirinstraße 13a, Tel. 0228/239542

Feinkost Reifferscheid
D-53179 Bonn, Mainzer Straße 186, Tel. 0228/9538070

Weinkabinett
D-53604 Bad Honnef, Aegidiusplatz 24, Tel. 02224/80793

Kulinaris
D-53859 Niederkassel-Rheidt, Mühlenstraße 2, Tel. 02208/74775

Die Olive – und mehr
D-55411 Bingen, Am Ockenheimer Graben 38,
Tel. 0700/34365483

La Cave
D-56073 Koblenz, Moselweißer Straße 117–119,
Tel. 0261/401863

Valentino – In der Kleinmarkthalle
D-60311 Frankfurt am Main, Hasengasse 77, Tel. 069/294149

Carl Plöger Delikatessen
D-60313 Frankfurt am Main, Große Bockenheimer Straße 30,
Tel. 069/1387110

E. Molina
D-64283 Darmstadt, Adelungenstraße 3, Tel. 06151/293105

Trüffel Feinkost
D-65183 Wiesbaden, Marktstraße 9, Tel. 0611/990550

Feinkost Feikert
D-65185 Wiesbaden, Wilhelmstraße 14, Tel. 0611/990750

Di Genaro
D-70188 Stuttgart, Ulmer Straße 181, Tel. 0711/168530

Feinkost Schrade
D-73525 Schwäbisch Gmünd, Postgasse, Tel. 07171/2601

Delikatessen Stähle
D-79098 Freiburg im Breisgau, Herrenstraße 68,
Tel. 0761/32654

Essig & Oel Compagnie
D-80331 München, Blumenstraße 1, Tel. 089/2606254

Alois Dallmayr KG
D-80331 München, Dienerstraße 14–15, Tel. 089/2135130

Garibaldi
D-80799 München, Schellingstraße 60, Tel. 089/2720906

Feinkost Käfer
D-81675 München, Prinzregentenstraße 73, 089/41680

Hermann Munzert
D-81825 München, Damaschkestraße 11, Tel. 089/421827

Il Nuraghe
D-90403 Nürnberg, Theresienplatz 7, 0911/501091

Gebr. Kössler & Ulbricht
D-90411 Nürnberg, Äußere Bayreuther Straße 350,
Tel. 0911/525153

Peter Leisinger
D-99817 Eisenbach, Löberstraße 14, Tel. 03691/212725

Österreich

Vinothek St. Stephan
A-1010 Wien, Stephansplatz 6, Tel. 01/512 68 58

Naschmarkt
A-1040 Wien, Gegenbauer, Stand Nr. 111–114
(auch Gölles-Essige sind erhältlich)

Piccini
A-1060 Wien, Linke Wienzeile 6, Tel. 01/587 52 54

Der kleine Essigladen
A-8020 Graz, Wienerstraße 5, Tel. 03113/2348
laden@essig.at, www.essig.at
Öffnungszeiten: Samstag 9–13 Uhr oder nach Vereinbarung

Merkur-Märkte

Wein & Co

Schweiz

Ferrari S.A.
CH-3011 Bern, Münstergasse 49, Tel. 031/3110857

Destillerie „Zur Schnapsboutique"
CH-8001 Zürich, Napfgasse 3, Tel. 01/2623227

Vinoversum
CH-8400 Winterthur, Stadthausstrasse 59, Tel. 052/3152031
www.vinoversum.ch, info@vinoversum.ch

Jelmoli- und Globus-Märkte

Produzenten und Information

(geordnet in der Reihenfolge der Präsentation im Textteil)

Italien

Consorzio Produttori di Aceto Balsamico Tradizionale di Modena
I-41100 Modena, Via Ganaceto, 134, Tel. und Fax 059/242565

Consorzio Aceto Balsamico Tradizionale di Reggio Emilia
I-42100 Reggio Emilia, Piazza della Vittoria, 1, Tel.
0522/796225, Fax 433750

Azienda Agricola Barbieri
I-41030 San Prospero, Modena, Via Badia, 41, Fraz. San Lorenzo,
Tel. und Fax 059/330383
info@acetaiadelcristo.it, http://www.acetaiadel cristo.it

Acetaia Malpighi
I-41100 Modena, zona S. Donnino, Via Barca, 20,
Tel. 059/465063, Fax 465021
info@acetaiamalpighi.it, http://www.acetaiamalpighi.it

Acetaia Bompana
I-41100 Modena, zona S. Donnino, Via Vignolese, 1704,
Tel. 059/469008, Fax 468306

Acetaia Villa Bianca
I-41010 Modena, S. Domaso, Via Scartazza, 115,
Tel. 059/468571, Fax 465298
claubi@box2.tin.it

Spanien

Vinagres de Yema S.L.
E-11500 El Puerto de Santa María, El Retamar, Ctra. Fuentebravía, Km. 4, Apartado de Correos 324, Tel. 956/482360, Fax 480658
www.vinagresdeyema.es, vinagresdeyema@vinagresdeyema.es

Vinagres Sur de España S. A.
E-11408 Jerez de la Frontera, Ctra. de Sanlúcar, Km 1, Apartado de Correos 1865, Tel. 956/142111, Fax 142094
http://conectemos.com/vinsur-jerez, vinsur@arrakis.es

José Páez Morilla y Hnos. S. A.
E-11407 Jerez de la Frontera, Ctra. Madrid/Cádiz, Km.634, Apartado de Correos 136, Tel. 956/181717, Fax 181534

Lustau
E-11403 Jerez de la Frontera, Plaza del Cubo 4,
Tel. 956/341597, Fax 34 77 89
lustau2@a2000.es

Pedro Domecq S. A.
E-11403 Jerez de la Frontera, Apartado de Correos 80,
Tel. 956/151500, Fax 342601

Österreich

Alois Gölles Obstbrennerei Essigmanufaktur
A-8333 Riegersburg, Stang 52, Tel. 03153/7555, Fax 7556
at www.goelles.at, obst@goelles.at

Erwin Gegenbauer – Wiener Essig Brauerei
A-1100 Wien, Waldgasse 3, 01/6041088, Fax 604108822
(erhältlich auch in zahlreichen Karstadt- und Hertie-Filialen
in Deutschland)

Staud's Wien, Konserven & Konfitüren
A-1160 Wien, Hubergasse 3, Tel. 01/40688050, Fax 406880512
stauds.wien@apanet.at

Deutschland

Essigmanufaktur Carl Weyers
D-50827 Köln, Nagelschmiedgasse 11,
Tel. 0221/5301659, Fax 5301692
www.essigmanufaktur.de, Service@Essig-Weyers.in-K.de

Richard Hengstenberg GmbH & Co.
D-73726 Esslingen, Mettinger Straße 109,
Tel. 0711/39290, Fax 3929230
www.hengstenberg.de, marketing@hengstenberg.de

Weinessiggut Doktorenhof
Georg und Johanna Wiedemann
D-67482 Venningen, Raiffeisenstraße 5,
Tel. 06323/5505, Fax 6937
www.doktorenhof.de, doktorenhof@t-online.de

Dr. Robert Bauer
D-74223 Flein, Heilbronner Straße 56–60,
Tel. 07131/251662, Fax 573288
acetovin@t-online.de, www.acetoria.de